蓝图

清华学子的职业生涯设计

王强◎主编

Tsinghua
University

清华大学出版社
北京

内 容 简 介

本书是王强老师 2003—2006 年任教清华大学深圳研究生院期间讲授"人力资源管理与开发"这门全院公共选修课中的"职业生涯规划"部分时的学生作业优秀篇章,每篇都附有王老师的精彩点评,师生共同愿意与对此主题感兴趣的同学们分享。每位同学对自己的未来都有不同的美好憧憬,每篇文字都可以给读者带来不同的启发。其真诚,其理想,虽时间已过去 10 年,依然让人感动。书中的这 20 多位同学,你们现在都各自在哪里工作? 是按照你们 10 年前的规划实践的吗? 王老师期待与大家再谱写新的篇章。

本书适合每位高校学子,也适合走上工作岗位的人作为参考书。

图书在版编目(CIP)数据

蓝图:清华学子的职业生涯设计/王强主编. —北京:清华大学出版社,2016
ISBN 978-7-302-44571-5

Ⅰ. ①蓝…　Ⅱ. ①王…　Ⅲ. ①大学生－职业选择　Ⅳ. ①G647.38

中国版本图书馆 CIP 数据核字(2016)第 175227 号

责任编辑:白立军
封面设计:杨玉兰
责任校对:梁　毅
责任印制:沈　露

出版发行:清华大学出版社
　　　　　网　　　址:http://www.tup.com.cn,http://www.wqbook.com
　　　　　地　　　址:北京清华大学学研大厦 A 座　　　邮　　编:100084
　　　　　社 总 机:010-62770175　　　　　　　　　　邮　　购:010-62786544
　　　　　投稿与读者服务:010-62776969,c-service@tup.tsinghua.edu.cn
　　　　　质量反馈:010-62772015,zhiliang@tup.tsinghua.edu.cn
　　　　　课件下载:http://www.tup.com.cn,010-62795954
印 刷 者:三河市君旺印务有限公司
装 订 者:三河市新茂装订有限公司
经　　销:全国新华书店
开　　本:170mm×230mm　　　印　张:13　　字　数:257 千字
版　　次:2016 年 9 月第 1 版　　　印　次:2016 年 9 月第 1 次印刷
印　　数:1～3000
定　　价:39.00 元

产品编号:069012-01

前　言

学会识别自身的优势

　　美国人唐纳德·克里夫顿博士写过一本畅销书——《飞向成功》,其中,有一个关于成功的寓言故事一直被职业经理人广泛传诵。这个寓言故事大意如下。

　　为了像人类一样聪明,森林里的动物们开办了一所学校。学生中有小鸡、小鸭、小鸟、小兔、小山羊、小松鼠等,学校为它们开设了唱歌、跳舞、跑步、爬山和游泳5门课程。第一天上跑步课,小兔兴奋地在体育场地跑了一个来回,并自豪地说:"我能做好我天生就喜欢做的事!"而看看其他小动物,有噘着嘴的,有沉着脸的。放学后,小兔回到家对妈妈说:"这个学校真棒!我太喜欢了。"第二天一大早,小兔蹦蹦跳跳地来到学校,上课时老师宣布,今天上游泳课。只见小鸭兴奋地一下跳进了水里,而天生恐水、不会游泳的小兔傻了眼,其他小动物更没了招。接下来,第三天是唱歌课,第四天是爬山课……学校里的每一天课程,小动物们总有喜欢的和不喜欢的。

　　这个寓言故事诠释了一个通俗的哲理,那就是"不能让猪去唱歌,兔子去学游泳"。要成功,小兔子就应去跑步,小鸭子就该去游泳,小松鼠就得去爬树。我们判断一个人是否成功,最主要看他是否最大限度地发挥了自己的优势。而能够最大限度地发挥自身优势,便是一个人职业生涯设计成功的重要依据。

　　再举一个例子:有人善于直接口头沟通,有人善于间接书面沟通。正因为如此,所以有人喜欢电话聊天,有人则喜欢沉迷于网上世界、与网友聊天。前者可以称为"倾听者",后者可以称其为"阅读者"。日常生活中这点个性差异显现不出什么大的影响,但在职业生涯中就完全不同了。我的兄弟王老五眼下就遇到一个很大的职场困惑:在公司营销部门工作6年,眼见与他差不多时候进入公司的同事一个个地加薪、晋升,唯独他还在"原地踏步",为此他感到不满与焦虑。经过我的诊断与情境分析,发现老五是个典型的阅读者。如果工作要求他草拟、制作商场年节促销企划案,他能够顺利完成;但当让他与部门其他同事共同参加部门经理工作会议,各自阐述各个企划案的核心及实施要点时,即便老五的企划案比其他同事"出彩",但最终他还是会被淘汰"出局"。对此,他的经理也满腹怨言,认为老五的阐述不得要领,常常在不相干的话题上喋喋不休……但老五却从不认为自己的语言表达能力有问题。为此,我干脆将老五的阐述过程全部录像,回放诊断后再次确认,老五的确是个阅读者而非倾听者。如果让他以书面形式回答其他部门经理的提问,他能够直奔主题;但倘若让他现场回答经理们的自由提问时,他便无法抓住对方问题的核心。从中我们可以发现,阅读者很难成为优秀的倾听者,反之亦然。

因此,若想获得职业的成功,首先要学会识别、发现自己天生的才干与优势。

诺贝尔奖获得者无疑都是取得杰出成就的人士,总结其成功之道,除了超凡的智力与努力之外,其善于职业生涯设计不能不说是十分重要的一环。他们在职业生涯设计中把握住了关键的一条,就是根据自己的长处决定终身职业。爱因斯坦清楚自己的思考方式偏向直觉,所以他就没有选择数学而是选择更需要直觉的理论物理作为事业的主攻方向。两个月前笔者在香港中文大学有幸见到诺贝尔物理奖得主杨振宁先生,窃以为他略拙于动手操作,但擅长抽象思维,故笔者感叹,杨先生年轻时就非常明智地放弃了实验物理、选择了自己擅长的理论物理作为发展,实乃大智之举。

对绝大多数人而言,也许没有夺取诺贝尔奖的宏心伟愿,但是,我们仍然有必要经过一段时间的探索和思考,对自己的兴趣以及思维、知识结构等方面的长短处有所认识,然后扬长避短,根据自身优势来进行职业生涯设计。

成功者的成功事实证明:在自己的职业生涯设计中,如果你能根据自身长处选择职业并"顺势而为"地将自己的优势发挥得淋漓尽致,就会如鱼得水,事半功倍;如果你像让兔子去学游泳那样选择了与自身爱好、兴趣、特长"背道而驰"的职业,那么,即使后天再勤奋弥补,即使你耗费了九牛二虎之力,也是事倍功半,难以补拙。因为,才干是一个人所具备的贯穿始终且能产生效益的感觉和行为模式,它是先天和早期形成的,一旦定型很难改变,无法培训。而优势,通俗的说法是一个人天生做一件事能比其他一万个人做得好。

我们在设计自己的职业生涯时切记:小兔子根本不是学游泳的料,即使再刻苦它也不会成为游泳能手;相反,如果训练得法,它肯定会成为跑步冠军。

职业生涯设计的前提是,应该知道自身优势是什么,并将自己的生活、工作和事业发展都建立在这个优势之上,这样方能成功。据悉,当今的沃尔玛、通用、GE、可口可乐、麦当劳、微软、IBM、惠普、埃克森美孚、美林、花旗、荷兰银行、希尔顿、安联保险、波音、宝马、奥迪、丰田、索尼、飞利浦、西门子、柯达、富士、辉瑞、强生、拜耳、杜邦、宝洁、三菱重工、佳能等全球 100 多家知名企业，都正在运用职业生涯设计理论指导员工的工作与生活。很多大企业在公司内部还设立了职业生涯咨询顾问，为员工提供免费的咨询服务，以此作为精神激励的一种有效形式。

每个人都有天生的优势，截至目前，人类共有 400 多种优势。一个人拥有优势的种类和数量并不重要，最重要的是，是否知道自己的优势是什么。我们发现，那些成功者一般都了解自己的优势所在。但在现实生活中，一般人很难把握自己的优势是哪种类型。有一个简便的办法，可以让你知道自己的优势何在。

当你看到别人在做某件事时，你心里是否有一种痒痒的召唤感——我也想做这件事；当你完成某件事时，你心里是否会有一种愉快的欣慰感——我还可以把这件事做得更好；你在做某类事情时几乎是自发地、无师自通地就能将其完成得很好；你在做某类事情时不是一步一步，而是行云流水般地一气呵成……这些都是最重要的信号，它诠释了你的优势所在。

分析把握外部的环境

大学的扩招，一方面满足了更多学生接受高等教育的迫切需求，提高了整个社会的教育水平；另一方面使以往的精英教育变成了大众化教育，使昔日的天之骄子一下子陷入了人满为患的尴尬境地，在某种程度上成了天之"焦"子。

相当多的大学生、研究生对自身的定位和未来的职业方向并没有清晰的计划和目标。大学校园里常见的是那些一边按部就班地上课学习、一边疑惑自己是否喜欢眼下在学的专业的同学；盲目地参与社团活动，却并不清楚这些活动对自己究竟有何益处的同学；是那些碰到讲座报告却不知是否应去听听、到底对自己是否有用的同学；是那些忙着考托福和 GRE，但是事实上根本就没有想清楚自己是不是要出国或者出国究竟是为了什么的同学；是那些忙着这个证那个证而对自己的特长和爱好并不清楚的同学……大学生活本来就很短暂，如果不利用有限的时间来做最重要最有效率的事情，那无疑是一种最大的资源浪费。

一个人的职业生涯，严格来说并不是从学校毕业、进入工作单位才开始。大学学习、研究生学习阶段已经展开了自己的职业生涯。如果不早做准备，在学校几年中没有形成一个明确目标，到了毕业才做准备，结果必然是茫然失措，无从着手，难以找到理想的工作。

人放对了地方是天才，人放错了地方就是"垃圾"。正是因为我们的很多学校忽视了给学生传授"职业生涯设计"这门重要课程，使很多学生普遍存在对自身职业规划的盲点，导致了就业过程中的盲目和挫折。不管你是为了将来苦苦奋斗准备迎接高考的准大学生，还是刚刚迈进校门的大学新生或研究生新生，或是正在奔忙于各种招聘会的毕业生,对自己本身的正确定位,规划自己的职业方向,确定自己的目标,并进而做出相应的努力,都是势在必行的。

规划做得越早,你离成功就越近。宝洁北京市技术有限公司高级人力资源经理郑云端认为,大学生找工作,最好在大一的时候就确定好自己未来的发展方向,然后找出自己的优势、特长,再分析一下就业市场有哪些趋势,应该怎样跟它相匹配,然后制定策略,采取行动。该公司在中国每年招聘应届毕业生 100 名左右,凡是职业生涯规划做得早的人,现在大多数都已成为总监、副总监或高级经理。

此书缘起

我在清华大学深圳研究生院任教期间给全院的研究生开设了一门管理类选修课——"人力资源管理与开发",其间重点讲授了如何设计职业生涯(占用了整门课 1/4 的学时)。在这门课程快结束布置作业的时候,我建议同学们可以拿自己的职业生涯设计作为作业论文提交上来,我可以为大家稍加点评。没有想到同学们响应得挺踊跃,时间不长,我手头已经积攒了几十份同学写的个人职业生涯设计。看着这些充满激情和憧憬的人生设计,我产生一个大胆的想法:为何不汇集出一本书? 既可以给其他年轻人一个启示参考,也可以让这些写作的同学在 20 年、30 年后再回首看看自己年轻时的设计究竟实现了多少,这该是一件多么有趣的事情!

也许有读者的想法是这样:个人职业生涯设计是个人的隐私,怎么好公布于众呢? 居然还出版成书?

我的看法是:个人职业生涯设计既是个人的事情,也是组织的事情,也是社会的事情。一个人进入一家企业后,他要想实现自己的职业目标,必然需要与自己的上级或师傅(导师)取得沟通,把自己的职业目标告诉他们,以便争取组织的支持。那个时候还想保密的话,所在的组织如何帮助你实现自己的职业目标呢? 报刊文章已经告诉我们:用人单位希望知道员工的个人职业生涯设计。一个人,能够让招聘者、用人单位了解的信息越多,这个人与组织的匹配越好。从长远看,实实在在地展示自己,既不浮夸,也不畏缩,才能使个人与组织更好地匹配并双方受益。所以,归根到底,个人职业生涯设计要想成功,以保密的形式做是无法达到目的的。

30 年前,个人奋斗、人生设计等概念还属于被批判的对象。个人只有按照组织、单位、领导的安排去生活、工作。所以,那个时候个人职业生涯设计只能秘密进行,不足为外人道也。而现在的时代,人们已经普遍接受了这些概念,政府里干部在竞聘,企业里经理在竞聘,事业单位也都在竞聘,竞聘无非是为了向高一阶职业台阶迈进,到了竞聘的时候谁都要清晰地介绍自己的职业生涯计划了。

悲观地说,现在的社会,公众除了关注明星的隐私外就是关心自己,能让别人关心一下自己的职业生涯设计这个隐私几乎是件不可能的事情。我们需要解放思想,因为职业生涯设计能被人关心是好事,说明你的计划有价值,值得关心。

征求同学们意见后,欣喜地得到了大家的同意,随之决定一起组成一个编辑委员会,我自任主编,全体选课同学都是委员会的委员。大家互相对其他同学的生涯计划提出完善建议,等于组建了一个自己的职业生涯辅导团队,以"互帮互学"的方法,进行集体性的职业生涯开发。

希望参与本书写作、编辑、出版的 24 位同学,在毕业离开清华大学以后,仍然能够继续保持定期的联系,进行信息交流,以让每一位参加这次职业生涯开发计划的同学都能互相获取相关资源和得到有关发展机会的信息。现代社会提倡"终身学习",网络等技术手段又可以消减空间距离阻隔的影响,使这个"学习型团队"一直持续下去。如果 10 年后,这些同学又根据当时的情况再次修订自己的生涯计划,将此书再版,书名可以叫《10 年弹指一挥间》,那该是多么有意义的一件事情!

其中,还有北大深圳研究生院、哈工大深圳研究生院的同学旁听我的人力资源课程,所以书中还收录了这两个兄弟学校的同学的职业生涯计划。

我为自己的学生感到自豪,也坚信他们在以后的人生之路上会取得一个个成功。从更深层的意义上讲,这本书的诞生,也意味着一个社会学试验的开始。在此后漫长的岁月里,我会持续跟踪这些同学的职业生涯发展道路,从反馈的信息中提炼那些对我们的教育和教学有价值的信息。欢迎读者朋友与我们一起参与这个富有创意的社会学、教育学的试验。这些信息我们会与您分享,相信您也会从中获取对自己有价值的信息①。

同学们,你们现在都在什么地方工作生活?当年给你们上"职业生涯规划"的王强老师很希望知道你们的近况,好续写我们的书——不要忘记大家在清华大学时的约定——每隔几年我们就把此书更新再版一次,成为我们大家成长的年谱(也包括王强老师)。虽然我现在已经离开清华大学,现在在一家企业集团工作,但是

---

① 　类似的试验最早可能是美国职业心理学家施恩对美国 MIT 斯隆管理学院 1961—1963 年的 44 名毕业生的职业生涯进行的纵向研究(施恩提出了著名的职业锚理论)。施恩让这 44 名毕业生自愿形成了一个专门小组,配合和接受其开展的关于个人职业发展和组织职业管理的研究和调查。施恩在他们毕业半年和 1 年后分别进行了面谈,在他们毕业 5 年后进行了问卷调查,在 1973 年请他们各自将演变中的职业和生活问题接受面谈和调查。施恩在对他们跟踪调查中,逐步形成提出了职业锚的概念。

　　我还是时时怀念在清华大学与同学们在一起的时光；虽然我在校期间获得过一次清华大学教学成果二等奖，但给你们上课的时间给我带来的快乐远远大于获奖的喜悦！

　　同学们，当你看到这本书的时候就赶紧和我联系吧，不要忘记把各自的近况告诉我啊！我们抓紧，可以再出一本新书——《毕业这十年》。

王　强

2016 年 4 月 30 日 于福建福州福清福耀集团

目　录

第 1 章

运用 HR 知识规划个人职业生涯

张庆春

现在,我,一个普通的硕士研究生(请读者注意:这是 10 年前张庆春的身份,现在的职业状态如何,请期待王老师和他的学生们的集体新书),暂且远离都市的繁华和喧嚣,在寂静的南清华校园里,抽出一点时间,安下心来,静静地打出上面这个题目。然后,千头万绪地对着计算机屏幕,倏地,内心不禁涌上一股莫名的压力……

是的,个人职业生涯规划似乎是个很沉重的话题。因为我们不是先知,对于生活在这个日新月异的世界上的芸芸众生而言,过去已经发生的一切曾经是个变数,未来将要发生的一切也必然是个变数。实际上,从我们在这个蓝色的星球上呱呱落地的那一刻起,我们就作为一个变量存在着、发展着。我一直这样认为,个人生涯是不能规划的,我们只能树立一个短期目标,在实现这个目标的过程中,我们可以做很多努力,但是永远不可能掌控结果。更多的时候,不是我们在选择人生,而是人生在选择我们。我越来越觉得,一个人的成功似乎在更大程度上取决于机遇。但是,作为一种发展的必要,我们总需要做一些规划,正如个人职业生涯规划的警语所言:"人生成功的秘密在于机遇来临时,你已经准备好了!机遇对于任何人来说都是平等的,千万别在机遇面前说抱歉"。所以,又有必要思考一下自己的过去,想想自己的未来……

唯物辩证观告诉我们,人都是具有自然属性和社会属性这两重属性的。而人的本质就在于人的社会性。毫无疑问,"择世所需"更应该是我们进行职业规划的出发点和立足点。乔治·萧伯纳曾说过这样一段名言:"征服世界的将是这样一些人——开始的时候,他们试图找到梦想中的乐园,最终,当他们无法找到时,就亲自创造了它。"职业对大多数人来说,都是生活的重要组成部分。但是,职业既不像家庭那样成为我们出生后固有的独特的社会结构,也不像货架上琳琅满目的商品,可以供我们随意挑选。它似乎更像是一位朋友,与其结识固然需要机缘,但更需要自我设计和自我奋斗。面对日益严峻的就业形势,我们有必要按照职业生涯规划理论加强对自身的认识与了解,找到自己切入社会的起点。其中,最为核心的问题是给自己的人生进行定位。自我人生定位,就是清楚"我是谁?"、"我想做什么?"、"我会做什么?"、"环境支持或允许我做什么?"、"我的职业与生活规划是什么?"等问题,通过这一系列思索,为我们规划个人职业生涯提供依据。

通过对王老师开设的人力资源课的学习,我觉得可以从以下几个方面来考虑设计自己的职业人生。

1.1　清楚自我优势

"人贵有自知之明",关键是明确自身的能力大小。要知道我们每个人都是个体,而个体之间是具有差异性的,我们就是要通过自我分析和自我定位,从而找出自己与众不同的优势并加以发扬。所谓自我分析,就是深入了解自己的能力和专长,从而解决"我是谁"的问题。自我分析的原则是既能从自身实际出发,又能有的放矢地顺应社会潮流;所谓自我定位,就是在充分了解自身优势的基础上,在纷繁复杂的社会中找到自己的坐标。自身优势,即个人拥有的能力与潜力所在。寻找职业方向就是要求我们从自身优势出发,以己之长立足社会。具体说来,可以从以下几个方面加以考虑。

(1) 我求学期间有哪些收益?除了专业知识方面的获益之外,参加过的学生社团和社会实践活动又让我有何获益?在未来的工作中,专业也许并不起多大作用,但不可否认,涉世之初,专业在一定程度上还是决定我们职业方向的主要因素,因而尽自己最大努力学好专业课程、提高专业技能是职业生涯规划的前提条件之一。无论何时何地,都不可否认专业知识在人生历程中的重要作用,特别是在社会分工日渐细化、知识经济日益受到重视的今天,知识学习、运用能力越来越引起人们的重视,因而要注意学习,善于学习,同时要善于归纳、总结,把单纯的知识真正内化为自己的智慧,为自己多准备后备能源。也许短短数年我们尚感觉不出自己的收获,但潜移默化中,我们却在提高着自我。

(2) 我有何人生经历和体验?众所周知,实践是检验真理的唯一标准。"实践出真知","不经历风雨怎么见彩虹",身体力行很多时候往往比理论知识更重要,因为事情只有经历过,**自己才可能有深刻体会。而判断一个人的才能,也只有在实践的时候才会真正发现其长处与不足。**

(3) 我最引以为豪的事情有哪些?我们做过很多事情,但最成功的是什么?为何成功的?是偶然还是必然?靠的是运气还是凭借自己的能力?通过对成功事例的分析,可以从中发现自己优秀的品质,如勇敢、坚强等,以此增强自己的自信心和发现自己的潜力,从而为个人职业规划提供强有力的支撑。

1.2 审视自己的劣势

(1) 正视自己性格的弱点。"金无足赤,人无完人"。一个独立性很强的人会发现自己很难与他人默契合作。而一个优柔寡断的人,也势必难以担当组织管理的重任。虽然有"性格决定命运"的说法,但是,很多人却没有意识到,性格在很大程度上是来源于后天的培养,一个不好的性格在工作中也许是致命的,但是,别只把它归咎于你的天性,别对自己说它是无法改变的,每个人在社会中都会因为这样那样的原因而改变原先的性格,这种改变未必是坏事,有很多人都是因为改变才意外地发现自己有一些意想不到的潜力。对于我们无法避免地与生俱来的性格弱点,正确的态度应该是泰然处之,勇敢面对。正如伟大的管理大师卡耐基说的:"人性的弱点并不可怕,关键要有正确的认识,认真对待,尽量寻找弥补、克服的方法,使自我趋于完善。"俗话说,"当局者迷,旁观者清"。相对于我们自己而言,往往身边的人对我们的认识更为全面和深刻,正所谓"不识庐山真面目,只缘身在此山中"。所以,我们应该抽空多跟身边的人聊聊,征求一下他们对自己职业选择和通路发展的建议与评价,并从中找出职业理想与自身实际之间的偏差,加以改进。

(2) 冷静分析自己失败的经验和经历。中国古代伟大的教育家孔子告诉我们:"人非圣贤,孰能无过?过而能改,善莫大焉。"由于自身所处环境的局限性,每个人都无法避免一些经验的欠缺,失败的经历在所难免。这更需要我们冷静分析,"有则改之,无则加勉"。

1.3 分析整体发展环境

上面主要分析了自身这个小环境,更多的是将目光聚焦在人的自然属性这一点上,然而无数的事实证明,人的社会性更能决定一个人的成败。个人职业目标的确定更应与社会发展相统一。因此,对自己生活发展的整体环境进行客观分析显得尤为必要。

(1) 社会大环境分析。每个人的职业发展都要受到社会环境的制约。进入21 世纪,我国正在进行着前所未有的政治经济改革,社会在变革中不断进步,我们应该善于把握社会发展脉搏,增强对社会发展大趋势的认识。在把握社会大环境的基础上,充分了解自己所处的国家或地区的政治、经济发展趋势;所选定的职业在社会环境中的地位,社会发展趋势对此职业的影响,社会对此职业人才的需求过程等。

（2）组织环境分析。我想，这应是我们着重分析的部分，因为组织是我们实现个人抱负的具体舞台。无论世界多么大，人际关系多么复杂，简单看来，对大部分人而言，表演的舞台也多限于组织内部。对个人而言，选择了一个组织，实际上就意味着选择了一种生活。由于现代组织越来越强调员工对组织文化的认同，因而我们应对将寄身其中的组织的各个方面做详细了解，知己知彼，方能百战不殆。

（3）人际关系环境分析。人们处于社会中，不可避免地要与各种人打交道。随着社会的发展，人际关系在社会交往中的作用越来越重要，它不仅影响一个人的成长，甚至成为左右其学习、工作、事业能否取得成功的重要因素之一。过去那种"两耳不闻窗外事，一心只读圣贤书"、"事不关己，高高挂起"等思想已经成为严重阻碍现代人全面适应社会，促进自身发展的障碍。因此，分析人际关系状况显得尤为必要。人际关系分析应着眼于以下几个方面：我们职业发展过程中将与哪些人交往？其中，哪些人将对我们的职业发展起重要作用，他们会对自己会产生何种影响等。

1.4　确定职业方向

在进行了自我分析和环境分析之后，我们接着要确定自己的职业方向，即解决"我要做什么"的问题，这是个人职业生涯规划的核心。正所谓"男怕选错行，女怕嫁错郎"，职业方向直接决定着一个人的职业成就，因而需备加慎重。选错了行业，极有可能会毁掉自己本该有所作为的人生价值。在《选对池塘钓大鱼》这本书里，作者雷恩·吉尔森将"钓鱼"和"生涯规划"进行比较分析，其中着重强调了选对池塘的第二个原则："选择正确的方向"。的确，职业方向尤为重要，在选择适合自己的职业方向时，可以参照很多专业书籍①上讲的职业生涯规划的四项基本原则，即"择己所爱"的原则：只有我们热爱自己所从事的职业，才能全力以赴地做出成绩，取得成功；"择己所长"的原则：只有我们选择自己所擅长的领域，才能发挥自我优势，以己之长立足于社会永远是生存发展的黄金法则；"择世所需"的原则：只有我们所选职业为社会所需，个人才有生存发展的保障；"择己所利"的原则：只有选择利国利人的有发展前景的职业，我们才能最大限度地实现自己的个人价值和社会价值②。

HR 中的马斯诺需求层次理论告诉我们，人一般具有 5 种依次从低层次到高

---

①② 《自我定位 规划人生》，来自于 http://www.hnbys.com/directory_view.asp? id＝1059。

层次的需求：生理需求(吃、穿、住、行、用等基本生活资料需求)、安全需求(人身安全保护的需求)、社交需求(友谊、爱情等社会归属需求)、尊重需求(荣誉、地位需求)、自我实现需求(个人价值实现需求)。职业理想的选择并无定式可言,关键是要依据自身实际,适合于自身发展。但同时我们也应该认识到,随着社会的进步,固定职业的概念正在变得越来越淡化,不断修正自己职业目标使之与社会的需求相适应,已经成为个人必需。"识时务者为俊杰",只有顺应社会发展潮流的职业方向,才是我们的最佳选择。

1.5 基于社会需求和个人理想,树立终生学习观,实现个人职业的可持续性发展

"学习改变人生,知识创造未来","活到老,学到老"也许这已是老生常谈,可正是通过学习,通过知识才延续了整个人类的进步和文明的发展,也实现了许多人的梦想。学习非一朝一夕之功,三天打鱼两天晒网是学不到真经的,成功的职业人生来自日复一日的积累,来自对知识终生的提炼与吸收。社会日新月异,知识也在不断更新,那些躺在原有知识的基础上睡大觉的人,必会被不断学习的后来者赶超,最终被残酷的社会竞争所淘汰。

(1) 设计可持续性发展规划。即便我们如愿以偿地选择了一个对自己有利的职业和得以实现自我价值的单位,但随着时间的流逝和职业、职务的变化,终将有自我优势不复存在的那一天,所以我们必须未雨绸缪,制定一个完善的可持续性发展计划以备应对发展过程中可能出现若干问题。

(2) 注重分段目标与最终理想的统一。时移事异,变化宜矣。我们现在面对的是一个瞬息万变的信息社会,制定一个长远的规划显得不太实际,因而有必要根据自身实际及社会发展趋势,把最终理想分解成若干短期的小目标,灵活规划未来。随着一个个短期目标的实现,自己离最终的理想也会越来越近。

(3) 树立终生学习观,与时俱进,规划未来。当今社会发展日新月异,知识更新速度加快,要求我们要善于发现变化并适应变化。不管周围环境及人生某一阶段出现何种的变化,我们都应该善于发现其中的各种机遇并驾驭这些机遇。不管这种变化是好还是坏,我们都要认真审视、认真预测,因为我们目前或将来从事的职业可能正与此密切相关,各种机遇可能正包含其中。如果我们在工作中不注意社会变化,不注意更新知识,就难以适应社会发展的需要。原有的"夕阳产业"改组消亡,新兴的"朝阳产业"层出不穷,国家产业结构的调整同时需要与之相适应的新知识和新型人才。因此,在工作中不断地学习,接受继续教育,吸收新知识,掌握新

技术,保持和增强自身的优势,是我们必须面对的课题。不断学习,力求专业。不论个人职业生涯如何规划,任何阶段都会存在竞争对手,我们只有比对手做得更好才能确保自己职业生涯的成功。总而言之,我们的职业生涯规划必须与时俱进。

在此基础上,我通过下列过程设计了个人职业生涯规划。

分析自我优势:我没有过人的智慧,自己感觉最大的自我优势可能是做事比较有毅力,常以"天行健,君子以自强不息;地势坤,君子以厚德载物"的校训自励。另外,专业技能方面,我一直都在比较不错的学校学习电子,因此我的优势是专业能力可能比很多人好一些,所以,我最适合的职业可能是技术研发。

审视自己的劣势:性格方面,我并不是一个善于言谈的人,始终笃信"空谈误国、实干兴邦"的警世格言,同时受个人成长环境的局限,我从小到大接受的都是中国最传统的应试教育,但是我的职业理想要求我必须克服这些弱点,所以我会在以后的职业生涯中注意克服。

分析社会环境,确定职业方向:从目前的政策来看,电子信息产业将是国家在未来几年内重点扶持发展的行业,将其作为介入社会的切入点,对我来说,无疑是最合适的。

从个人理想出发,规划未来:我出生在胶东半岛,自信家乡有着巨大的发展潜力。而我此生最大的理想就是能为家乡的经济发展做出贡献,能为改善家乡的政治环境和投资环境、提高家乡人民的生活水平和生活质量做出努力。显而易见,选择政治职业生涯实现这个理想无疑更为合适一些。所以在做技术期间,我会注意不断提高自己的政治修养和与人交往的能力,也会多找一些机会来培养自己的领导能力。只要我努力,我想自己应该能够转到管理岗位,在有了足够的管理经验之后,我会再寻找机会考公务员,从而逐渐踏上政治舞台。我会选择跟技术联系较紧的公务员。因为,技术优势我始终不能丢掉。

这就是我大致的规划。当然了,规划毕竟不是一成不变的。随着社会环境和自身环境的变化,我会不断修正自己的职业目标。"路漫漫其修远兮,吾将上下而求索"。我想,人生就是在不断更迭的追求中提高着自我,完善着自我。而我们进行个人职业生涯规划,也是在自觉不自觉地追求着自我价值和社会价值的充分实现。我们应该相信"天道酬勤"的真理,只要我们曾经认真地规划过自己的人生,也努力地去为之奋斗过,无论结果如何,我们都可以拍着自己的胸膛,骄傲地对别人说:"我的人生就是成功的!"

[王老师点评]

在做自己的职业生涯设计时,很重要的一个工作就是对自己的自我总结,包括过去经历和现实情况。其中,过去经历包括如下。

(1) 影响过自己的人物:包括家庭成员、社会人际交往、师长、社会及历史名人等。

(2) 影响过自己的事件(关键事件):包括家庭生活的变迁、社会生活中的重大事件、求学或社会实践活动、成功或挫折经历等。

(3) 曾经产生过的理想:包括向往过的职业或工作、曾经感兴趣的事情、曾经做过的那些努力与尝试、是否有过成功的情感体验等。

(4) 过去的经历对自己产生的影响体会。

现实情况包括如下。

(1) 选择现在的学习、生活方式是否有明确的目的(包括选择学校、选择专业)?

(2) 自己现在已经学到或掌握了哪些知识与技能?通过什么途径学会了哪些专业以外的东西?

(3) 自己目前的兴趣爱好是什么?

(4) 自己的优势和劣势是什么?

(5) 目前的人生观、价值观与未来的抱负是什么?

(6) 周围人(包括父母、亲朋、老师、同学)对自己的评价与期望是什么?

(7) 学校生活对自己未来可能产生的影响是什么?

你是一个自我肯定的人吗?(是否肯定回答以下 12 个问题)

① 积极主动地面对问题。

② 认为自己在某一方面比谁都强。

③ 喜欢自我属性的工作,并且不怕失败。

④ 被人看作是可以信赖的人。

⑤ 对未来充满希望。

⑥ 觉得现在过得很充实。

⑦ 能明确阐述自己的意见。

⑧ 遇到难题一般都能自己解决。

⑨ 相信自己做的事情是正确的。

⑩ 认为自己是幸福的人。

⑪ 遇到任何事情都想尝试一下。

⑫ 过去一直按照自己的想法走过来。

从回答结果看,你对自己的分析比较全面,从专业知识到人际关系,但是就是由于太全面而丧失了一个重点。

正如你在文中所说,自己有过人的毅力,而且一直在电子这个专业,并且将来也打算利用这方面的技术来寻求职业。劣势是不善言谈,换句话说,就是在表述自己的意思及与人沟通方面存在问题。那我觉得你与其用很大的努力来锻炼自己的表述,不如钻到自己的专业里面去,从事技术研究这类的工作,因为研究和高技术这种工作一是需要很好的专业水准,二是需要常人所不具备的那种毅力和钻研精神。其实第一点很好满足,但是就是由于苦,使很多具有良好专业素质的人放弃了从事技术研究方面的工作。

你最后的职业定位在改造家乡面貌,从政这条路。假如就如你所计划,着眼于家乡的建设,既不能放弃自己的专业知识,又要考公务员从政,是否有点面面俱到的味道了呢?而且到最后的结果很可能就是什么都抓不住,因为一个很成功的政界人物不一定要有很专的什么知识,而是需要很广的知识,这里所谓的很广,就不是什么课本能概括的了。而且由于你的不善言谈,又怎么能很好地在仕途上发展呢?与其去费很大的力气在一条很不明了的路上打拼,倒不如在自己的专业里自由地遨游,这样成功可能会来得更快,而且你也会比较快乐。

第 2 章

志在环境保护事业

牛喜草

2.1 序言

　　职业生涯规划是指结合自身情况以及眼前的机遇和制约因素,为自己确立职业目标,选择职业道路,确定发展计划、教育计划等,并为自己实现职业目标而确定行动方向、行动时间和行动方案。作为工作两年后又重返学校的我对职业生涯规划的重要性有了更深刻的认识。成功的规划可以使自己少走弯路,从小的方面来说是可以明确自己的就业方向,找到理想的工作。从大的方面讲,这可以更高效地实现自己的人生价值,将有限的精力投入到自己更感兴趣的事业中。下面我就自身的特点和经历为自己过去两年的职业生涯做一个阶段性总结并对未来做一个初步规划。

2.2 知己

　　知己即自我评估,目的是认识自己、了解自己。因为只有认识和了解自己,才能对自己的职业做出正确的选择,才能选定适合自己发展的职业生涯路线,才能对自己的职业生涯目标做出最佳抉择。然而,能够真正做到了解自己并不像想象中的那么容易。我主要通过职业测评和对自己职业经历的分析来深入、客观地了解自己。

2.2.1 职业测评结果

1. 职业动力特征分析

1）职业价值取向测验

职业价值取向测试的目的是了解自己的社会偏好,找到对自己最适合的环境。

它包含 6 种价值观类型：科学型、实用型、社会型、政治型、信仰型和审美型。测试结果表明，我属于社会型，其主要特点是能坚持正义，讲究同事之间的真诚相待，为人诚实可信，能平等待人，不欺弱媚上，不卑不亢，与同事相处融洽和谐，民主开放，重义轻利。关心他人，重感情，愿意自己的工作造福社会，对工作热心执着，对弱者富有同情心。

2）职业动机测验

动机是引起、维持和指引人们从事某种活动的内在动力。动机的种类复杂多样，与人们的职业行为密切相关的主要有 3 种，即成就动机、权力动机和亲和动机。成就动机即追求卓越、争取成功的内驱力。权力动机即一个人有意图地影响另一个人的行为和情感的能力及潜力。亲和动机是一种愿意与别人保持友好和亲密的内驱力，反映的是个体对建立、保持或恢复与他人或群体的积极情感关系的关注。经测试和自我分析，这三类动机在我的自身体现得都比较强烈。我有较强的成功欲望，也正是这种动机驱使我辞去原有的较舒适、安逸的工作而继续求学。同时我渴望并努力做到了与周围的人保持良好的人际关系，具有合作精神。

3）职业兴趣测验

兴趣是喜欢与不喜欢的一种持久的倾向，表现为对某种事物、某项活动的选择性态度和积极的情绪反应。职业兴趣就是指对职业或具有职业特征的活动的心理倾向。Holland 将职业兴趣分为六类，即现实型、研究型、艺术型、社会型、企业型和常规型。

经测试，我的几个方向的得分十分接近，属于兴趣分散型。对多方面的职业几乎有相同程度的兴趣水平，呈现"天花板"似的结果。也就是说，兴趣分布比较广泛，同时对许多方面都很投入，这样可能会分散心理资源，若调节不当，有可能会妨碍自己的潜在成就。一般来说，最理想的还是将对不同方面的兴趣区分出不同的层次，形成有主有次、有重有轻的格局，这样能更好、更经济而科学地分配有限的心理资源，从而确保在工作、生活最重要的方面的心理投入。因此，着重对某一方面兴趣的培养也是我能更好地实现自己的职业理想的一个关键步骤。

2. 职业能力特征评估——管理能力与人际交往能力

管理能力就是组织大家一起做事的能力。广义的管理能力应该包括管理欲望和管理技能，前者是指有没有带领大家一块做事的愿望，后者是指组织大家做事的能力水平。这两个方面是有一定的联系的。从职业发展的角度来说，管理能力如何是职业选择应考虑的一个重要因素。没有管理欲望和技能的人若到了管理职位上去发展会事倍功半,自我价值得不到很好的体现。

经管理欲望测试,我属于有一定的组织管理意识,乐意组织别人一起做事,在管理方面有一定的欲望的人。经管理潜力测试,得分中等水平,有一定的人际交往意识,愿与他人友好相处。这也意味着我在进行职业生涯规划时不会选择走纯管理类的道路,而会选择那种需要一定的管理技巧,更多地与人打交道,并能发挥自己职业技术特长的道路。

3. 职业风格特征的评估

职业风格包括性格、气质和情绪三大方面,其中性格体现了人们个性的社会属性,它是人们在后天的社会实践中逐渐形成的;气质体现了个性的生物属性,它受遗传和先天因素的影响比较大。下面是我这三方面测试的评估结果。

1) 性格

性格是指人的一贯和稳定的心理特性、思维方式和行为特点。任何性格特点都具有两面性,也就是说,某种性格特征可能既有好的一面,又有不好的一面。

在具体的职业活动中,性格就可能会有价值评价的含义。所以每个人在职业选择和设计时应该考虑自己的性格特点,这样更有利于自己的职业发展。

我对自己进行了卡特尔 16 种人格因素的心理测验,结论如下。

(1) 16 种性格特征。

① 乐群性:我的乐群性属于一般,对人的态度介于冷漠与热情之间。

② 智慧性:我的智慧性表现为聪明,富有才能,善于抽象思维。

③ 稳定性:我的稳定性表现为一般,既不是容易烦恼,也不是很稳定。

④ 恃强性:我的恃强性表现为好强固执,独立积极。

⑤ 兴奋性:我的兴奋性表现为一般,介于严肃和轻松之间。

⑥ 有恒性:我的有恒性表现为细心周到,有始有终。所交朋友多数是努力苦干的人。不喜欢诙谐有趣的场合。

⑦ 敢为性:我的敢为性表现为冒险敢为,少有顾忌。

⑧ 敏感性:我的敏感性表现为以客观、坚强、独立的态度处理当前问题,有时候也可能过分骄傲、无情。

⑨ 怀疑性:我的怀疑性表现为信赖随和,容易与人相处。

⑩ 幻想性:我的幻想性表现为一般,介于现实和幻想之间。

⑪ 世故性:我的世故性表现为思想简单,感情用事,与世无争,心满意足,但有时显得幼稚,粗鲁,笨拙,似乎缺乏教养。

⑫ 忧虑性：我的忧虑性表现为一般，介于安详与忧虑之间。

⑬ 实验性：我的实验性表现为一般，介于保守与激进之间。

⑭ 独立性：我的独立性表现为一般，介于依赖与自立之间。

⑮ 自律性：我的自律性表现为一般，介于矛盾与自律之间。

⑯ 紧张：我的紧张性表现为一般，介于宁静与紧张之间。

（2）双重人格因素。

① 适应与焦虑性。

我生活适应顺利，通常感觉心满意足，能做到期望和认为有重要意义的事。

② 内向与外向型。

我的性格外向，通常善于交际，不拘小节，不受拘束。外向的性格也无所谓利弊，也以工作条件为准，有些工作极需外向的性格，而这种性格对于学术研究就未必有利。

③ 感情用事与安详机警性。

我安详机警，心肠硬，办事态度坚决，有进取精神，但有时过分现实，忽视生活情趣，遇到困难，有时不经考虑，不计后果便贸然行事。

④ 怯懦与果断性。

我较为单纯，个性被动，喜欢依赖别人，渴望别人支持，做事较为优柔寡断。

（3）应用型的人格因素。

① 心理健康因素。

本题的总分在 4～40 分之间，平均分为 22 分。低于 12 分者占 10%，这种人情绪不稳定的程度颇为显著，担任艰巨工作的人应具有较高的心理健康得分。

我的得分是 22 分。

② 专业而有成就的个性因素。

本题的总分在 10～100 分之间，平均分为 55 分。67 分以上者应有其成就。高分者的特征是：知己知彼，自律严谨，有恒负责，情绪稳定，好强固执，精明能干而世故，自立，当机立断，自由，批评，激进

我的得分是 59 分。

③ 创造能力个性因素。

本题的总分在 1～10 分之间，6 分以上者有较强的创造能力。分数越高创造力越强。

高分者性格特征：缄默孤独，聪慧富有才识，好强固执，严肃审慎，冒险敢为，敏感，感情用事，幻想，狂放不羁，坦白直率，自由，批评激进，自立，当机立断。

我的得分是 6 分。

④ 在新环境中的成长能力个性因素。

本题的总分在 4～40 分之间,平均分为 22 分。不足 17 分者仅占 10%,在工作和学习上的成功可能性较小。27 分以上者则有成功的希望。

我的得分是 27 分。

2）气质

气质指不依活动的目的和内容为转移的典型的、稳定的心理活动特性,具体表现为心理活动的速度、强度和灵活性方面的特性。一般认为,气质受遗传和生理的影响比较大。这意味着,气质是很难改变的个人特性。通过测试判断,我的气质类型为胆汁质与多血质的混合型。这两种类型特点及适合的职业如下。

（1）多血质:感受性低而耐受性较高,不随意的反应性强,具有可塑性和外倾性;情绪兴奋性高,外部表露明显,反应速度快而灵活。活泼好动、敏感、情绪发生快而多变、注意力和兴趣容易转移,思维动作言语敏捷、善于交往、亲切、有生气,但也往往表现出轻率、不深挚等。比较适合做社交性、文艺性、多样化,要求反应敏捷且均衡的工作,而不太适应做需要细心钻研的工作。可从事范围广泛的职业,如外交人员、管理人员、驾驶员、医生、律师、运动员、新闻记者、冒险家、服务员、侦察员、干警、演员等。

（2）胆汁质:感受性低而耐受性较高,不随意的反应性高,反应的不随意性占优势,外倾性明显,情绪兴奋性高,抑制能力差;反应速度快,但不灵活。精力充沛、情绪发生快而强、言语动作急速而难于自制、热情、显得直爽而大胆、易怒、急躁等。较适合做反应迅速、动作有力、应急性强、危险性较大、难度较高而费力的工作。可以成为出色的导游员、勘探工作者、推销员、节目主持人、演讲者、外事接待人员等,但不适宜从事稳重、细致的工作。

3）情绪

情感是对感情性心理活动的体验和感受,情绪是这一体验和感受状态的活动过程。情绪具有明显的两极性,不同的人往往有不同的情绪特点。在同样的外部刺激下,有的人情绪很容易激动,有的人情绪则很平稳。有的人神经很紧张,有的人则依然不慌不忙。这说明,人的情绪特点也是个人内在的一种稳定的心理特点。不同的职业对情绪特点的要求也会有很大的差异。通过自测,我的情绪特点的剖析图如图 2-1 所示。

得分基本落在中线附近,情绪比较稳定,心理健康状态好。

情绪不稳定性	平均线	情绪适应性	
自卑感			自尊
抑郁性			愉快
焦虑			安详
强迫性			随意性
依赖性			自主性
疑病观念			健康感
自罪感			无自罪感

图 2-1　情绪自测结果

2.2.2　个人经历

1. 专业选择

我出生在辽宁锦州,高中毕业后考入了天津大学,就读于环境工程专业。锦州是一个以重工业为基础的城市,由此导致的环境污染问题十分突出。

记得小学时的一次植树节,学校组织我们到郊外去为刚栽种上的小树苗浇水。当我们拿着小水桶兴奋地飞奔到河边时,我们看到的是乳白色的浑浊的河水。那次活动不了了之,然而,那条家乡的母亲河却一直留在了我记忆的深处。我迫切地想为改善家乡环境做些事情。选择这个专业正是为了实现儿时这个美好愿望。

在大学四年的学习过程中,由于兴趣所在,成绩比较理想。同时,为了使自己过得更充实,我选修了计算机科学与技术专业,毕业时获双学士学位。

2. 第一次职业选择

大学毕业后,凭借较好的成绩和双学士的学历,我很顺利地进入了北京的一家工业设计院。那里收入不错,工作也很安逸。然而其工作内容并不像招聘时说得那样涉及面很广,而是集中在建筑给排水的管路设计上,属于工业厂房设计的辅助性专业。这与我最初为改善环境做些事的理想相差较远。经过反复斟酌,我辞去了这份让许多人羡慕的工作,开始了考研之路。这时的思想斗争主要集中在是换工作还是继续深造上。以当时的社会需求来看,对给排水专业的需求量更大,收入也更好。而环境工程方向所需要的是高层次的人才,对本科毕业生的需求量不大,我以一个没有相关工作经验的往届毕业生的身份去找这类工作没有任何优势,其结果很可能是收入反而下降。因此决定继续深造,重返环境工程的方向。

至此,我的第一次职业选择以失败告终,但这一年的工作中,我学会了很多东西,无论是技术上的还是心理上都更加成熟。

自己总结一下,收获主要有以下几个方面。

(1)技术上,能熟练应用 CAD 软件制图,所绘图纸有一定的规范性,对管路的设计、绘制有了基本概念(这是我能成功进行第二次职业选择的必要条件)。

(2)心理上,更加成熟,在与同事交往的过程中,对社会人际关系看得更清晰。尤其是在辞职期间,面对阻力,不同人的不同态度,使我在今后能更从容地处理不同的状况。辞职时并没有像多数人那样拂袖而去,而是完成了自己手头上的工作,并顺利交接后才离开。虽然当时损失了一段珍贵的备考时间,但事后证明,这种负责任的态度最终会受到肯定,换回更为宝贵的人际资源。

(3)做事更讲效率,面对多个任务,能合理调控时间,快速、高效地完成任务。

这些收获都是在学校所不能学到的,是我的一笔宝贵财富,也势必会影响我未来的道路。

3. 重返专业

辞职后,经过 4 个多月的奋斗,我如愿地考取了清华大学的环境工程专业,为实现自己的梦想创造了条件。此时,我并没有沉醉在暂时成功的喜悦中,而是进一步思考了未来的道路。工作一年后,我确实学到了不少的东西,但谈到本专业的相关行业时,我却知之甚少。设计院是个相对独立的空间,作为设计员每天只需完成分配下来的设计任务既可,与计算机打交道的时间远远大于与人打交道的时间。同时,由于脱离了本专业,我对环境工程的行业发展状况几乎是一无所知。这样的状态去读研究生恐怕与应届生的区别不大,仍然会很盲目。为了避免这个后果,我决定在考试结束后(4 月份)至开学前(9 月份)进一步去接触社会,去了解这个行业,也避免这段时间的无意义的消磨。因此我进行了自己第二次职业选择。

4. 第二次职业选择

这次选择的主要目的是了解行业,对工作环境、收入没有什么要求,但由于对于这个行业来说我是个新人,没有任何经验可谈,而且工作时间很短,对企业来讲没有培养价值,所以这次选择的难度也相对较大。幸运的是,我凭着在设计院时打下的扎实的绘图功底,在一家新成立的公司急需管路设计人员时被接纳。这个公司规模很小,所以分工不是很细,即使是技术人员,也需要参与很多繁杂的事务。从另一个角度讲,这提供了我一个短期内横向发展的机会,积累各个方面的经验,为以后的发展创造更加有利的条件。我们团队做的工作是这个公司接手的第一个项目,大家的经验都不足,对很多事情的处理程序和方式都不了解。5 个月下来,我们在摸爬滚打中得到了不少教训,也增长了许多经验,收获很大。这个过程中我不仅对自己的潜力有了更深的发掘,同时也在与不同身份、特性的人交往的过程中增长了经验。

2.3 知彼

知彼就是了解与职业有关的内容,包括社会的大环境、就业形势、就业政策、就业信息、就业渠道、职业的分类与内容、职业所需的能力、工作发展前景、薪资待遇等。这个过程我在第二次的职业选择中已初步完成,在未来的学习过程中我还会有意识地更深入地去了解。

环境工程这个专业整体上讲是朝阳型行业,正处于蓬勃的发展之中。随着社会经济水平的不断提高,人们对自身生存环境的关注程度也在不断提高,因此这个行业的未来是很有前途的。

就我自己目前的了解,这个专业的就业主要有以下几个方向。

(1)市政设计院。从设计员做起,工作比较单调、稳定,收入有保证。但对女生来讲由于去现场的机会不多,能解决实际问题的机会也相对较少,技术上的发展前景不十分理想,长远发展的话可以考虑转向管理方向。

(2)企业。目前的环保企业规模相对其他行业较小,基本处于百家争鸣的状态,市场还未被垄断,竞争条件好。如考虑这个方向,应该不仅仅满足于在企业为别人打工,自己当老板,做企业应该是个很好的选择。具体实施时可以在毕业后先找一家相对较大的公司,从底层做起,并注意横向的跨越,对其他各部门的运作方式都做一个了解。在充分了解市场后独立创业。这条路风险大,有挑战性,需要有很强的管理能力和社交能力,如果能做好充分的准备,成功的几率还是很大的。

(3)政府部门。例如,环保局、规划局等部门。工作强度相对较小,收入稳定,福利好。相比前两个选择,这个更适合女生发展。

(4)高校任职。目前高校对教师水平的要求不断提升,多数院校要求博士以上学历。因此,若想在高校任职,还需要继续深造。

毕竟自己对行业的了解还是有局限性的,不同人对这个专业的就业前景也有不同的分析:总体认为现在环境保护日益受到重视。国家在开发大型建设项目前,都要经过环保部门对项目的各项环保指标进行评估,评估检测合格后才能启动该项目。中央政府和各地方政府也将启动一系列关于大气环境、水资源保护综合整治方面以及生态环境保护方面的工程项目。据估计,"十五"期间,中国环保投资共需7000亿元,约占同期国内生产总值的1.3%,约占全社会固定资产投资总量的3.6%,其中仅大气污染防治和水污染防治的投资约需5500亿元。这还不包括来自国际资本对环保项目的资金投入。可见未来的环保市场有很大的潜在发展力。2000 年,全国环保产业总产值 1080 亿元,其中,环保设备(产品)产值 300 亿元,资源综合利用产值 680 亿元,环境服务业产值 100 亿元。环保产业总产值占同期全国工业总产值的 0.77％。

2.4　决策

在知己知彼后,就需要做最后的决策了。综合考虑自身的特点和经历后,我在自己职业规划的初期选择第三条道路——公务员。社会型的职业价值取向和分散型的职业兴趣是我做这个选择的主要依据。未来两年的学习作为在此工作前的缓冲阶段,也使我能有时间为下一次的选择做更充分的准备。我将进一步地了解这个职业,并针对工作所需要的素质,比较自身条件,进一步完善自己,以更自信的态度重返社会舞台!

2.4.1　短期规划(2 年以内的规划)

近 2 年内,我正处于研究生学习阶段,因此这段时间的主要任务是学习。充分利用学校的各种资源来获得所需的知识。在学习过程中,积极主动地去探索,与老师同学多交流,不断地去发现问题并解决问题。

2004 年 9 月—2005 年 1 月学习基础知识阶段。主要任务是完成公共课和几门专业基础课的学习,在本科的基础上进一步加深专业知识的积累,对原理性的概念加深理解。这个阶段的课程学习任务较重,应首先保证课堂的学习和课后的复习。同时,又不能仅仅满足于书本上的知识。身处深圳研究生院正是一个契机,相比较而言,可以与社会接触得更频繁些。恰好我的导师与深圳水务集团有合作项目,通过参与这个项目,既锻炼了自己的实验能力,又了解了项目的进行细节。这也为将来自己独立开展研究工作打下了基础。

2005 年 2 月—2005 年 7 月积累材料,准备开题。因为研究生阶段制订的培养计划为两年,因此能否及时开题对于是否能按时毕业是至关重要的。同时,题目的选择也需要一定时间的探索和积累。这半年的主要任务便是寻求自己感兴趣的,同时有研究价值的题目,并搜寻阅读相关资料。

2005 年 8 月—2006 年 7 月开展研究工作,顺利完成研究生阶段的学业,同时准备求职。这段时期是研究生阶段的关键时期,需要调动自己的各方面能力在老师的指导下独立完成课题。同时,这个过程也是与下一个阶段关系最密切的部分,起到承上启下的作用。一个成功的毕业论文也是一个好的砝码,对求职的成败起到很大的作用。

除此之外,还应抽出时间学习多方面的知识技能。毕竟现代社会对人才的需求档次逐步提高,尤其是英语和计算机水平的要求在应聘时经常被提到。因此,在学校期间决不能忽视这两方面的锻炼。这与本科时的"考证"心理有很大区别。本科期间,迫于就业压力,为了考取各种证书而进行学习,应试性太强,对自身能力的提高不大。在研究生期间,主要靠自觉性进行学习,学习的目的也是为了提高实际应用能力。例如,英语的听、说、读、写、译的能力以及将计算机应用到本专业研究中的综合能力。

参加公务员的考试,这也是我实现自己未来规划的必经之路,因此一定要做好充分的准备。

到自己所期望的单位实地考察,权衡比较后,自荐求职。

2.4.2　中期规划(2~5年内的职业目标和任务)

若短期规划能够顺利实现,则进入自己的中期规划,即工作的前3年。这3年的时间是完成从学习状态到工作状态转折的时候,因为我曾经有过工作经验,刚开始的磨合期应该相对较短。但由于不同性质的单位有不同的工作方式,所以在刚进入新的环境后应虚心地学习,在3年内对自己的本职工作能够熟练、高效地完成。同时,主动熟悉其他岗位的工作,以便更好地和不同岗位的人交流合作。

这三年内,应该多听、多看、多做。通过观察别人的处理事情的方式,不断学习,找到自己的定位点。如果说短期规划更强调的是学习书本的、专业的知识的话,中期阶段则应更强调社会经验的积累,人际关系的建立。

2.4.3　长期规划(5~10年的规划)

5年后的我应该是有一定的社会地位,能够独立地处理工作上的相关事宜的人。这时,不能仅仅满足于基层的纯技术性的工作,应向更高的层次发展。

由上面的自我测评可知,我具备一定的管理能力与人际交往能力,这种能力在未来的5年内还会通过我自身的努力不断提高。逐步转变自身角色,抓住身边的机会,向管理层迈进,并在这个新的领域重新开始新一轮的积累和提高。

2.5　目标

2.5.1　确立明确的职业目标

进行人生规划的第一步是要发现或搞清楚自己主要的人生目标是什么。所谓主要人生目标,应该是一个终生所追求的固定的目标,是生活中其他的一切事情都围绕着它而存在。对于一些人来说,这个工作是一个自我发现的愉快的过程,但对于另一些人来说,它也许更是一个痛苦的过程。

我的主要人生目标是希望为环境事业做出自己的贡献。我国近年来以惊人的速度向前发展,但也付出了相应的环境代价。一旦环境受损,其修复工作的成本也高得惊人。由于环境污染的无国界性,目前有很多国际组织出于各种原因愿意为发展中国家的环境治理投资或者低息甚至无息贷款。如果能够更多地争取到这笔贷款无疑对我国的环保事业有很大的推动作用。因此,我的最终梦想是能够成为这样的国际组织里的公务员,使中国的声音能够在更大的范围内被听到、被重视。

这个职业目标的实现也需要分阶段进行,首先,在近期我选择进入中国的政府部门,任公务员,这样可以更多、更深入地了解中国的环境现状,以便将来更好地去为祖国争取更大的受益权。

2.5.2　选择适合的职业类型

根据我自己的兴趣、能力、性格等,我认为我能够胜任这个工作。我外向型的性格特点使我能很轻松地与人打交道,乐意在公开场合发表观点,同时做事严谨细致,这些特点都使我很适合公务员这个职业。

2.5.3　其他要求

工作地点:目前更希望在大城市发展,如北京、上海等城市。因为环保事业的受重视程度与当地的经济状况是密切相关的。对于环境的要求属于人的比较高层次的要求,只有在其他较低层次的要求得到满足后人们才会考虑自身所处的环境。这也正说明了为什么发达国家的环保事业投入的比例更大,公众的关注程度更高。相比较而言,在众多城市中,我更倾向于北京。2008 年的奥运会对环境事业的发展无疑是个很大的契机,从公众到政府都对这项事业投入了极大的热情,当人们从环境的改善中受益后,其环保意识会进一步加强,因此北京对个人事业的发展是个很好的选择。

工作薪资：对于一个刚毕业的学生来说，薪资是一个次要因素。其职业选择更应重视的是对自身未来发展的影响。因此，我对薪资底线要求为 2500 元/月，这可以维持我生活的正常进行，又不至于使我由于对薪资的过高要求而错过了好的工作机会。

2.5.4 具体阶段性目标及任务

通过上面的分析和选择，初步制定好了自己的职业规划方案，剩下的就该采取实际的行动。下面列出了我在不同时期已经或者即将采取的行动步骤。

1. 尝试期（19～24岁）

尝试期主要是刚毕业时期，那时对社会不了解，对自己的定位也不清晰，所以其最初的职业可能不符合自己的设想，属于尝试阶段。在我的经历中所提到的两次职业选择已经基本完成了一个人的职业生涯的尝试期，通过主动地转换自己的角色，达到知己知彼的目的，对自己和社会都有了新的评价和定位。在尝试的过程中，有成功也有失败，相比较而言，从失败和挫折里能学到更多的东西。

2. 积累期（24～30岁）

积累期即上面提到的短期和长期规划，完成学术水平和社会经验的积累。所谓厚积而薄发，没有一定的知识底蕴的积累在任何时候都是处于劣势的。尤其是作为清华大学的学生，社会对我们的期望值会更高，要求也会更为严格。只有在初期不断地积累才能有足够的自信去面对社会对我们的考验。

就我自身而言，我期望这段时期是在国家的某个环保部门任公务员，职位已达到一定的高度，可以解决一些比较宏观的问题，对行业现状有清晰透彻的了解，并建立了自己的社会关系网络。同时，在职期间，我希望有机会能进一步深造，攻读博士学位。这对于我将来的继续攀登有很好的推动作用。

3. 攀登期（30～40岁）

这个时期敢闯敢做，独立做出一些有价值的、有开拓性意义的事。在这个时期，人的各个方面都已经比较成熟，是最容易出成绩的时期。早期的积累能不能得到很好的发挥主要看这个时期的表现。因此我一定会紧紧地抓住这段时间的机会，去实现自己的梦想，无论成败，只要尽力地去试过、去努力，就都不会给自己留下遗憾。

我期望在这个时期辞去原有的工作,去应聘某国际组织的公务员,例如,世界银行组织的社会发展与环境部门,使自己的职业生涯进入一个崭新的阶段。

4. 成熟期(40～55 岁)

成熟期即坚持在自己成功的道路上继续走下去,也是一个收获的阶段。这段时间相对于攀登期而言比较稳定,基本已经达到了自己想达到的目的。

希望那时我已经在世界银行组织的环境部门担任一定的管理工作,可以按照自己的梦想为祖国的环保事业做出一定的贡献。

5. 总结、顾问期(50～65 岁)

此时事业的进一步发展的可能性不太大,但作为一个有着丰富经验的人有很大的潜在价值。这种价值的实现主要通过将自己的经验、体会毫无保留地传授给年轻人。人类的进步正是在这种一代代的接力中实现的。我要将自己的余热充分发挥出来,通过办培训、讲座及一对一的传授方式将自己的知识与他人分享。

2.6　行动

2.6.1　踏实的行动

这是所有步骤中最艰难的一个步骤,因为要求自己停止梦想而切实地开始行动。我们知道良好的动机只是一个目标得以确立和开始实现的一个条件,但不是全部。如果动机不转换成行动,动机终归是动机,目标也只能停留在梦想阶段。

很多人不息地奋斗一辈子都没有能够完美地实现自己的人生目标,更不用说懒惰者了。要想有一个无悔的人生,除了认准目标外,还要集中精力全力以赴。在实现人生终极目标的过程中,难免受到各种妨碍或各种诱惑,任何的闪失或偏差都会使我远离既定目标。然而,人非圣贤,孰能无过?只是在通往理想的艰难跋涉途中,尽可能少地犯错误。这样就可以尽可能快地达到我所期望的目标。

2.6.2　行动中目标的修改和更新

人生目标的确定往往是基于特定的社会环境和条件的。这样的环境和条件总在变化,确定了目标后也应该做出修改和更新,况且这样的目标虽然写出来了,但是并未镶刻在石头上,它的存在只是为我的前进提供一个架构,指示一个方向。我是它的创造者,就可以在它看起来正把我引向歧途的任何时候更改它。

2.7　结束语

再好的规划如果不能切实地执行都只是一纸空文,因此我会付出自己百分之百的努力为实现自己的职业理想而努力!

[王老师点评]

一份好的职业生涯计划,具有以下明显的特点。

(1) 目标明确。设定的未来执行步骤可行、措施明确得当并具有可操作性,切忌空洞、不切实际和不着边际。

(2) 有可调整性。目标的设定要具有一定的弹性,并可根据环境的变化进行调整。

(3) 统一。个人目标和组织目标、长远目标和近期目标、总目标和分目标、主目标和次目标等要统一、一致。

(4) 实际。要符合自己的现状和未来发展趋势的需要,符合自己的性格、兴趣、特长并能产生内在的激励作用。

(5) 具有可评估性。要有明确的时间限制及标准,以便进行检查评估,为修订职业生涯计划提供可靠依据。

这份职业生涯计划就写得很好,看完后的感觉是对其实现充满信心,提不出太多的意见和建议。

第3章

大学里的物流专业教授

樊双姣

3.1 个人情况介绍

3.1.1 家庭及成长背景

我于1982年出生于甘肃省兰州市,是独生子女,上天的眷顾使我拥有一个幸福的家庭。我的父母多年一直从事机关或学校行政工作,工作时间和收入状况稳定。作为我人生历程中的启蒙老师,父母对我的成长浸入大量心力。他们对我的培养不注重于知识的灌输,而是注重性格的形成、兴趣爱好的发展以及观察、思维能力的培养。

父母为了从小培养我的自理能力并让我在同龄人的环境里成长,在我不到两岁时就送我上托儿所,四岁时进入幼儿园全托(每星期一早晨送去,星期六晚上接回家),直到六岁进入小学。所以在我性格最初的形成期就处于集体的环境中,避免了独生子女经常产生的孤僻、自私或是难与人沟通等弱点,初步形成比较开朗、大方和独立自主的性格。在以后的成长过程中,随着父母的培养,这一性格特点又不断被加强。

从我牙牙学语开始,父母便注意培养我对自然和周围其他事物的观察能力。从还没进入托儿所直到现在读研究生,每逢节假日,父母总是尽量带我去风景名胜或是公园、河边、郊区游玩,让我充分体会到大自然赋予生活的乐趣。尽管由于家庭经济条件的限制,在上大学之前,父母很少有能力带我去外地游玩,但这并不妨碍我对自然的观察和体会。春日的花香,冬日的雪景,以及奔腾的黄河水,巍巍的皋兰山,不仅给了我对色彩和声音的丰富感受性,更是给了我对自然、对生活、对生命的热爱和向往。

由于父亲年轻时喜爱美术而受社会历史条件的限制未能有进一步发展,所以在我上幼儿园时,父亲便想培养我在绘画方面的兴趣。但或许是由于儿童爱动、贪玩的天性,当时我没有表现出此方面的兴趣,不能踏踏实实地学画。对此,父亲并没有勉强,而是在发现我对音乐的喜爱和感悟能力,并提出想学习电子琴的愿望后,在我上小学一年级时为我请了电子琴老师。家庭经济情况一直都比较紧张,但是父母从来没有放弃对我音乐方面的培养,小学阶段坚持学习电子琴,升入初中后又进入视唱、练耳和音乐理论的系统学习,并在老师的建议下,为我买了钢琴,在专业老师的指导下学习,到高中毕业时通过省级艺术专业钢琴 A3 级(相当于国家艺术等级九级)。

3.1.2　学习经历

　　从幼儿园大班毕业后,我六岁进入小学一年级学习,学习成绩一直位于班级前列,尤其在数学方面格外突出,多次在各级数学竞赛中取得不错的成绩。

　　小学毕业考入省重点中学,由于原来所在小学教育质量在全省位于中游,一向在班里处于绝对优势的我在刚升入中学后显得并不突出,学习成绩仅处于中上,尤其是因为小学时没有学过英语,在刚上中学时显得有些吃力。但这种情况很快好转,英语成绩在第一次期中考试时已经超过班级平均成绩,尤其随着后来开始物理、化学课程的学习,我在理科方面的特长逐渐显现出来,成绩进入班级前两名,并在初三时获全国数学竞赛二等奖,在中考前考入全省唯一的奥林匹克数学班。

　　高中的学习很辛苦,我们在学习高中课程的同时,尤其要加强数学竞赛能力的培养。这时的同班同学几乎汇集了全省学习最优秀的尖子生,大部分从小学阶段就在重点学校学习,又考入重点中学的重点班,从小接受奥数的专门训练。而我却是初次接触专门和系统的数学竞赛训练,这使我在整个高中阶段在班里失去了一直以来的优势。这一阶段我在学习方面表现出的特点是各门功课都很均衡,没有明显的偏科,尽管成绩在班里只处于中上水平,但从全省范围内来说也是很优秀了。由于毕竟在竞赛方面缺乏扎实的基础及大量训练和实战经验,我在高中的两次竞赛中均表现平平,仅获得全国三等奖,这使我没能取得保送进大学的机会。而在高考中,一些个人能力所不能控制的原因使我以一分之差与清华失之交臂。现在回顾这段经历,尽管从表面上看来并没有太大收获,但恰恰是从这一段不那么顺利的时期,我开始初步认识自己和思考将来的发展方向,也逐步形成了自己的价值观,关于这一点将在下文中进一步说明。而专门的数学训练使我的逻辑思维能力和分析能力进一步提高。

　　未能考取清华大学后,我被调配到北京航空航天大学经济管理学院工业工程系,由于心理方面的原因和不能马上适应从高中到大学的转变,我在大一时成绩并不理想,随着心理状况的调整和对自身及未来目标的不断清晰和明确,我的成绩也迅速提高,大二和大三学年均为小班第一,多次荣获校级奖学金和三好学生。在工业工程专业的学习过程中,我对这一领域不断加深了解,知识体系逐渐完善,在大二时就以考取清华工业工程系研究生为短期目标,并为之而努力。在 2004 年考入清华大学,目前在清华深圳研究生院从事物流领域的学习和研究。

3.1.3　在校期间的课余生活和实践活动

活泼开朗的性格和在音乐方面的特长使我从幼儿园到大学本科,都经常有机会参加校内的各项文艺活动。在本科阶段,我在院合唱团担任钢琴伴奏,并在校管乐团成立后开始学习长笛,每周参加院合唱团和校乐团的训练,多次随团参加校内大型文艺演出。同时,我从大二开始担任大班文艺委员,参与合唱比赛、舞会、联谊活动等的策划和组织。

在初中以前,体育一直是我的弱项,经过有意识的锻炼和发掘,我发现自己在体育方面并非一无所长。尽管我的力量和协调性比较差,但是耐力却比较突出。在高中阶段的校运动会上我多次参加中长跑比赛,两次取得女子 1000 米第一名。在大学本科参加学校“纪念一·二九长跑”获得团体第三名。在大一和大二还加入院学生会体育部工作,参与运动会和各项比赛的组织、宣传和安排。

我从小爱好手工活动,小时候喜欢用废布料给洋娃娃做衣服,小学以后给自己织过围巾和毛衣。在大学本科的金工和电工实习中都有出色表现,还获得全专业唯一金工实习优秀生的奖励。

在大学本科阶段,我在北京北广数字广播电视股份有限公司参加了生产实习,提交了关于现行生产系统分析和改进建议的报告。在毕业设计阶段,在兰州电机股份有限公司完成基于约束理论的生产流程分析这一课题。这些实践环节使我加深和巩固了对专业知识的了解,提高了运用专业技能分析问题的能力。

3.2　职业特征评估

3.2.1　职业动力特征自我分析

1. 兴趣

从幼年时起,我的特长和兴趣就同时向不同的两个方向发展。

一方面,我的逻辑思维和分析能力表现出较高天赋,在数学、物理、化学等课程中有不错的表现,在每个学习阶段都取得比较优异的成绩。但从内心里,我觉得这并不是我的爱好所在。在小学阶段我喜欢找一些趣味性的数学题来做,在解题过程中能够获得乐趣,当解出一道难题时也会有一种成就感。但自从进入中学后,我越来越觉得学习对我来说只是一种不得不完成的任务,只是我有能力在应试的范围内把它完成得比较好,因此自己从不积极主动地去思考或研究问题,学习的目的只是应付各种或大或小的考试,最终获得一条谋生的途径。我想,也许我本来应该在这方面产生浓厚兴趣,因为在正常情况下一个人的兴趣和特长应该是统一的,但或许是在应试教育下产生的逆反心理,我对此的兴趣渐渐消失,而随之本来有可能发展的特长也受到限制,渐渐丧失了达到更高水平的机会。

另一方面,我从小表现出对音乐和色彩的敏感。学习乐器多年,随着年龄的增长,对人文和艺术的爱好和向往又不断加强。在大学本科时上了很多这方面的选修课,自己也读过一些此类专业书籍。但是,很难说这是一种真正发自内心的热爱,还是掺杂着对现实的逃避。并且,由于以前一直把自己的定位放在好好学习、考大学、读硕士、读博士上,而很少思考读完博士要干什么,所以主要精力一直投入在应付课本上的知识和考试,尽管从来没有放弃学习音乐,却也只是把它作为陶冶性情和缓解学习压力的手段,没有投入过多精力,也没有获得太大发展。同时,我认为我在这方面并不具有高的天赋,对于音乐或美术,只能作为一个接受者,而非创造者。也可能是没有着意去培养和发掘吧。

2. 价值观

可能是因为始终无法找到兴趣和特长很好的结合点,所以在我的价值观中,从事业本身获得成就感并不重要。

高考的失利和在这之后的一些经历让我开始思考自己的人生。与清华大学的一分之差使全家人陷入混乱,在持续了多天的紧张、忙碌、焦急和等待中,我第一次体会到自己的失败带给全家人的痛苦,也第一次清晰地感受到自己对于这个家的意义。我突然发觉我的存在不只是为了自己,更是为了我的家庭。这一感受在大学四年远离家乡的生活中又不断被加强。对于今后的职业,我希望它能让我通过自己的努力不仅给自己更是给家庭带来幸福。让我在有能力创造比较好的物质生活的同时,更有时间和条件去享受内心的平静,以及陪伴父母共享天伦之乐。

3. 动机

出于这样的价值观,我选择职业的首要出发点是对工作稳定性及工作时间的要求,我希望拥有一份稳定的工作,在工作之外可以拥有属于自己的时间,不被工作的压力所影响,让我有时间和精力陪伴家人,以及从事我所感兴趣的其他活动。

3.2.2　职业测评结果

为了对自己的职业特征有更客观和全面的了解,我使用了清华大学职业测评系统,运用 MBTI 人格理论及动力理论对自己的职业动力、能力、气质等进行评价,结果如下。

1. 人格测试结果

属于内向型、感觉型、思考型和判断型。总体职业特征描述是:"从容不迫地做好自己的工作"。

基本描述:

是一个认真而严谨的人,勤奋而负有责任感,认准的事情很少会改变或气馁,做事深思熟虑,信守承诺并值得信赖。

依靠理智的思考来做决定,总是采取客观、合乎逻辑的步骤,不会感情用事,甚至在遇到危机时都能够表现得平静。

谨慎而传统,重视稳定性、合理性;天生独立,需要把大量的精力倾注到工作中,并希望其他人也是如此,善于聆听并喜欢将事情清晰而条理地安排好。

喜欢先充分收集各种信息,然后根据信息去综合考虑实际的解决方法,而不是运用理论去解决。对细节非常敏感,有很实际的判断力,决定时能够运用精确的证据和过去的经验来支持自己的观点,并且非常系统,有条不紊,对那些不这样做的人没有耐心。

可能的盲点:

非常固执,一旦决定的事情,会对其他的观点置之不理,并经常沉浸于具体的细节和日常的操作中。

看问题有很强的批判性,通常持怀疑态度,需要时常地换位思考,更广泛地收集信息,并理智地评估自己的行为带来的可能后果。

非常独立,我行我素,不能理解不合逻辑的事情,忽视他人的情感,并对与自己风格不同的人不能理解,非常挑剔;要学会欣赏他人的优点并及时表达出来。

非常有主见,时常会将自己的观点和标准强加给别人,而且无视那些不自信的人的建议。在处理问题时,强求别人按照自己的想法来做,对于未经检验或非常规的方法不加考虑。若能在以后多尝试和接受新颖的、有创造性的方法,就能做出更有效的决策。

2. 动力测试结果

影响愿望 3 分,即仅高于总体人数的 3％,其特征是:不愿意影响、控制或引导他人,希望每个人按自己的方式做事。满足于现状,不希望与他人进行权力之争。如果是管理人员,团队规范化程度不高。

成功愿望 2 分,即仅高于总体人数的 2％,其特征是:做事的主动性较弱,不愿主动承担责任。追求个人高目标的愿望不强,心态平和,对事情要求不高。倾向于容忍自己的不高追求或失败。喜欢较为轻松、没有压力的生活。

挫折承受能力 50 分,处于总体人数的中等水平。

人际交往能力 21 分,特征偏向于:更愿意依靠自己的力量,喜欢与少数兴趣相投的人保持交往,在人际交往中顺其自然。

总体心理动力模式属于满足型,特点是希望找到适合自己的领域并发挥自身价值,注重顺应环境而不是改变环境,难以适应压力过大的工作。

3. 工作中的优势

(1) 办事精确,希望第一次就能把工作做好。

(2) 乐意遵循确定的日常安排和传统的方针政策,是组织忠诚的维护者、支持者。

(3) 每次都能十分专注地把注意力集中在一个项目或任务上。

(4) 特别能够专心细致的工作,可以不需要别人的合作独立工作。

(5) 灵敏的组织能力。

(6) 一丝不苟、认真专注地对待具体问题、事实和细节。

(7) 相信传统模式的可取之处,并且能够遵循传统模式。

(8) 非常强的责任意识;别人可以信任自己能够实现诺言。

(9) 明白清晰的工作伦理;认为高效率和多成果是很重要的。

(10) 可以依靠,能够将工作自始至终贯彻到底,对实现目标有毅力和决心。

(11) 通情达理、视角现实。

(12) 有稳定平和的心态。

(13) 有冲劲和闯劲,不患得患失。

4. 工作中的劣势

(1) 不愿意尝试、接受新的和未经考验的观点和想法。

(2) 对变化感到不安,可能会有些僵硬、死板;排斥革新。

（3）对需要很长时间才能完成的任务缺乏耐心。

（4）有时会由于近期目标而忽略长远需要。

（5）办事死板，必要的时候难以或不愿适应新境况。

（6）难以看到问题的整体以及行为的长远影响。

（7）对于方针或决定将会对别人造成什么样的影响缺乏敏感。

（8）需要的时候不愿意改变努力的方向或调整投入的多少。

（9）不愿意促成必要的改变，不愿意支持有风险的行为。

（10）见到实际应用后的结果才肯接受新观点。

（11）不能理解与自己不同的要求。

（12）对自己及自己对组织的贡献估计过低。

（13）斗志不足，容易松懈，通常不愿付出过多的努力。

（14）在压力和挫折面前不够坚持。

5．适合的岗位特质

（1）工作环境稳定，不需要太多的冒险和变动，最好依照经验和规律解决事情。

（2）有较多的独立工作时间，可以专心地完成整个项目或任务。

（3）较多使用事实、细节和运用实际经验的技术性工作，能够充分发挥自己精细、准确、逻辑性强的才能。

（4）工作对象是具体的产品或服务，工作成果要有形并且可以衡量。

（5）要有明确的工作目标和清晰的组织结构层次。

（6）逐渐增加工作中的责任，承担更多的任务，尽可能少地安排社会活动。

（7）工作有足够的准备和实施时间，在交付成果之前能够进行自我成就评估。

3.3　职业生涯规划

3.3.1　职业测评提供的个人发展建议

1．成功的秘诀

（1）要开放态度，敢于尝试探索新的可能性。

（2）考虑问题更全面周到，更多考虑人的因素。

(3) 增强做事的灵活性,学会变通地看待和接受新事物。

2. 发展建议

(1) 避免墨守成规,需要尝试新的东西。

(2) 需要考虑人的因素。

(3) 除了眼前的现实资源,需要关注事情的整体和发展。

(4) 对那些与自己不同的观点保持足够的耐心和虚心。

(5) 目前不要考虑在压力大的环境中工作。

(6) 在适合的时候,主动承担一些工作对发展更有利。

(7) 尽量思考成熟后再采取行动,碰到困难时需要坚持。

3.3.2　职业生涯规划

　　根据对自身目前职业能力和职业动力特征的分析及职业测评结果,我认为大学教师是自己比较理想的职业方向,为此,做出相应的职业规划。

1. 短期规划

　　在专业能力方面,两年内完成研究生阶段的学习,取得硕士学位。其中,第一学期以课程学习为主,尽量全面和广泛地了解与专业相关的原理和技术,完成大部分的必修专业课程学习。同时,通过学术活动、参观实践及文献阅读在扩大专业知识的同时,逐步形成研究兴趣。从第二学期开始,找到自己感兴趣的研究方向,阅读大量该领域内的学术资料,并在阅读中进行思考和研究,以论文的形式提出一些自己的见解,并在相关学术刊物上发表。完成有一定创新价值的硕士论文。同时,在研究生阶段,要不断提高计算机和外语能力,能熟练操作计算机进行研究工作,掌握常用软件和物流专业软件。全面提高英语的听说读写能力,扩大专业词汇量。

　　在其他能力方面,尤其注意语言和文字表达能力的培养,积极参与学术讨论活动,多与导师和同学沟通对专业问题的思考,并养成写文献综述和学术活动总结的习惯,善于将对专业知识的理解和思考运用语言和文字的方式表达出来。

　　在性格和气质方面,将心理能量和注意力由对内部世界的关注上逐步向外部世界转移。尝试了解以前所不知道的知识和思想,在了解的过程中运用自己的思维进行分析,形成自己的思想和见解。

2. 中长期规划

职业能力和职业发展方面,硕士毕业后用 2～3 年时间取得博士学位,能对某个专业领域有深入的思考,提出有一定创新价值的方法或思想。然后进入一所物流专业在当时位于全国前三位的重点大学任教,在教授课程的同时,继续相关领域的课题研究。

其他方面不断完善和充实。

[王老师点评]

樊双蛟同学的职业选择与自己的个人情况很符合的。这样就可以保证实现目标的成功概率大。唯一的不同看法是樊双蛟同学打算以 2～3 年时间拿到博士学位的可能性非常之小,几乎不可能。中国现在已经开始把博士的 3 年学习时间延长到 4～5 年,美国更是时间长。

不过好在樊双蛟同学已经决定以后做大学教师、从事研究,博士读 3 年,还是 4 或 5 年,我想樊双蛟同学应不会太在意。总归还是有那么一天可以毕业的,个别读了 7 年、8 年还没有拿到博士学位的事情只有在美国的大学有听说,在中国的大学还没有听说过。

樊双蛟同学想博士毕业后进入全国前三位的重点大学做老师,我建议博士学位最好在海外读。毕竟这个专业领域对于中国来说还是一个新兴的领域,研究水平确实要低于国外。这个问题我们只有承认现实。假如樊双蛟同学能在海外著名大学接受系统的物流专业学术训练,对于博士毕业出来的求职会非常有利。我感觉凭其学习能力,在海外读一个物流博士应该不是一个问题。

当然这就需要樊双蛟同学在研究生阶段比较抓紧,至少发表 3 篇核心刊物的论文,其中最好有几篇是以英文形式在国外或国际会议上发表。这样联系海外大学的时候才能让对方教授知道你是否可以造就。以我自己的经验,达到这个目标应不算太难,我在读硕士期间曾发表过 5 篇论文,其中 3 篇被 EI 检索收录。其实我读书的那个时候,学校对于硕士研究生发表论文并没有数量要求,或者说根本没有提出要求。我当时完全是个人兴趣,写了会议论文以便去黄山等景点看风景,还没有想到出国留学的目标。那时我们的学习研究条件比现在艰苦多了,我那时连世界上有电子邮件这回事都不知道。自然更不知道网络上可以检索文章了,仅仅是进图书馆翻阅一下过期的期刊而已。你们现在的学习研究条件这么好,读书期间应比我发表更多的论文才对。等一定数量的论文发表以后,你追求的目标就可以转向质量,同时你也建立了对自己的自信,相信自己可以在学术圈子里面讨生活。

　　所以，樊双蛟同学这2年的目标很单纯——以多发表论文为最高目标。只要你的论文多、水平高，你的硕士毕业论文自然水平不会低，你的硕士毕业自然没有问题。而且为你联系读国外的一流大学的博士奠定坚实的基础。

　　我的人生遗憾很多，其中之一就是没有接受过海外大学的系统学术训练。钱钟书说，出国留学就和小孩出麻疹一样，你出过以后自然脸上就留下疤点记号，遇到那些出过的人士就不需要心虚，"兄弟也出过了"。我是特别希望学生都能出一出。希望就寄托在你们身上了。

第 4 章

人力资源经理

小 艾

一个人的性格养成和他所成长的环境，以及人生经历密不可分。我也时常思考自己的行为以及每个时期的兴趣爱好，虽然从大学到现在的研究生一直是在工科专业学习，但是从早期的模糊认识到近两年的确定，自己确实对所学并无十分大的兴趣。而是在一些社会活动，人际交往上面有很浓厚的兴趣及热情。在我最迷茫的大三，一个学长对我说，我觉得有一个专业很适合你！从那个时候我知道了什么是人力资源，并且兴奋地发现在研究生阶段还有这门课可以选。在上了王老师的课，听了王老师自己的学习工作经历以及这门课带给我的一些专业知识，觉得眼前的迷雾渐渐散去，也开始很认真地思考自己的职业生涯。

4.1　成长过程

我出生在北京，但是家庭比较特殊，爸爸妈妈都是军人，在山西一基地工作，也就是现在所说的太原卫星发射中心。妈妈是北京人，14 岁当兵；爸爸是重庆人，16 岁在西双版纳当知青，然后大学毕业分配到部队。应该感谢爸爸、妈妈他们早期艰苦的奋斗过程，带给我一个比较坚强的性格。而且由于他们工作很忙，在我只有几个月大的时候就送到重庆奶奶家，一年后又由北京的姥姥抚养……这样每隔一年半载我就在山西、北京、重庆之间来往一次，因此对于环境的适应能力相当好，而且比同龄孩子懂事，特别是小学三年级由于部队教学质量太差，我被父母送到北京的姥姥家读书，从那个时候起我就停止了在父母身边撒娇的童年，而是深深感到自己的长大，善于观察、善于思考，并且能很好地处理和各种各样的人的关系，而且能帮已经上了年纪的姥姥、姥爷分担很多家事，那个时候的我好强到每年爸爸、妈妈来看我，临走的时候当着别人的面一滴眼泪都不掉，然后晚上悄悄在被窝哭泣。那个时候我觉得自己很悲惨，但是到了现在我回头看那段经历真的很重要。对于任何事情我都会在第一时间很敏锐地察觉到,不管是在与人交往上面还是处理事情上面,在同龄人中我几乎都是做得最好的! 懂事,聪明——是那个时期的我听到的最多的评价!

到了初中和高中,随着妈妈的转业和爸爸的调动,我们一家终于团聚,因为爸爸所在的部门是载人航天工程,又有要职在身,因此平时我会跟着他接触到各个阶层的人,特别是爸爸的朋友都是在各地的政府,或者大企业中身兼要职的人,从他们身上我感受到了"社会"的气息,知道什么是竞争、什么是人脉、什么是关系、什么是机遇。因此在周围都是"愤青族"的校园里,我总是对各种各样的现象能心平气和地接受,然后通过自己的观察,尽量站在对方的角度和利益认真思考。有时候和一些已经工作了的师兄聊天,他们都会感叹于我的想法,好多人都跟我说过:如果当时我毕业的时候有你现在的想法和认知就好了!

但是大学选专业时,顺着父母的意思选了认为比较好出国的工科——材料专业,自己兴趣并不在此,而且觉得学习相当痛苦,反而在各种学生社团以及一些团体组织中穿梭,不停地扩大自己的朋友圈,而且还在一个学期的暑假,找了几个同学一起办了一个教小孩子轮滑的班,从招生到管理都由我一个人负责,他们只负责教,虽然只是一个暑假,但是通过初期的计划,到宣传招生,到后期考核,以及和学生家长之间的关系协调,让我收获到的远远不只那几千块钱!

我的朋友都喜欢在遇到挫折或者拿不定主意的时候找我商量,有时候我的分析会让他(她)感叹说:我了解自己都没有你了解的深! 而且我的朋友总是说我对别人有一种莫名的影响力,而且班上有什么活动也一般是我发起,也就是说我,总是在充当一个组织者的角色。大三以前我并没有注意到这些,当我开始思考自己的将来的发展道路的时候,在认真剖析自己的时候才注意到自己适合什么、擅长什么。

有人说世界上的工作只有两种:一种是与人打交道,大部分人都如此;另一种是与物打交道,像那些埋头钻研科学的人。我呢,比较懒,同时坐不住,喜欢和各种类型的人打交道,喜欢认识新的朋友,随时随地都能跟类似出租车司机、售货员等各行各业的基层员工聊得不亦乐乎,我喜欢听他们说工作,说生活,说社会,从各种不同的反应和态度中思考生活! 因此我应该做与人打交道的工作。

我也做过一些专业的测试,有关于性格、兴趣爱好的,如霍兰德职业兴趣类型测验。比较全面的一个测试报告就是清华大学就业中心提供的职业测试。

4.2　职业测试如下

4.2.1　MBTI 人格理论

人格(personality)源于拉丁语 Persona,也称为个性。心理学中,人格指一个人在一定情况下所做行为反应的特质,即人们在生活、工作中独特的行为表现,包括思考方式、决策方式等。世界上关于人格理论的划分有很多种,《北森职业规划》采用目前国际上最流行、在企业中应用最广泛的 MBTI 理论。

MBTI 的人格类型分为 4 个维度,每个维度有两个方向,共计 8 个方面,即共有 8 种人格特点,具体如下。

(1) 我们与世界的相互作用方式:　　(E)外向——内向(I)
(2) 我们获取信息的主要方式:　　　(S)感觉——直觉(N)
(3) 我们的决策方式:　　　　　　　(T)思考——情感(F)
(4) 我们的做事方式:　　　　　　　(J)判断——知觉(P)

经过测试我的类型为 ENFP(分值分别如下:外向——27;直觉——17;情感——20;知觉——11)。

维度解释如下。

1. 我们与世界的相互作用方式

外向(E):关注自己如何影响外部环境。将心理能量和注意力聚集于外部世界和与他人的交往上。例如,聚会、讨论、聊天。

2. 我们获取信息的主要方式

直觉(N):关注事物的整体和发展变化趋势。侧重灵感、预测、暗示,重视推理。

例如,重视想象力和独创力,喜欢学习新技能,但容易厌倦;喜欢使用比喻,跳跃性地展现事实。

3. 我们的决策方式

情感(F):以自己和他人的感受为重。将价值观作为判定标准。

例如,有同情心、善良、和睦、善解人意,考虑行为对他人情感的影响,认为圆通和坦率同样重要。

例如,重视过程、随信息的变化不断调整目标,喜欢有多种选择。

外向、直觉、情感、知觉(ENFP)——一切皆有可能。

(1) 基本描述。

你对周围的人和事物观察得相当透彻,能够洞察现在和将来。随时可以发现事物的深层含义和意义,并能看到他人看不到的事物内在的抽象联系。

你崇尚和谐善意,情感多样、热情、友好、体贴、情绪强烈,需要他人的肯定,也乐于称赞和帮助他人。你总是避免矛盾,更在意维护人际关系。

你富有活力,待人宽厚,有同情心,有风度,喜欢让人高兴。只要可能,你就会使自己适应他人的需要和期望。你倾向于运用情感做出判断,决策时通常考虑他人的感受。你在意维护人际关系,愿意花费很多心思,结交各种各样的人,而不是做事。

你有丰富的想象力,善于创新,自信,富有灵感和新思想,警觉,善于寻找新方法,更注重理解,而不是判断。你喜欢提出计划,并大力将其付诸实施。你特别善于替别人发现机会,并有能力且愿意帮助他们采取行动抓住机会。

(2) 可能的盲点。

你非常理想化,容易忽视现实和事物的逻辑,只要感兴趣,什么都去做。你通常在事情开始阶段或有变化的阶段较为投入,而对后续较为常规或沉闷的部分,难以持续投入。

你总是能轻易想出很多新主意,喜欢着手许多事情,无法专注于一件事情,很少能把事情"从头做到尾"。你总能看到太多的可能性,因此无法确定哪些事情是自己真正追求的。建议你认真选择一个目标,善始善终,以免浪费时间和挥霍自己的天赋。

你组织纪律性比较弱,不肯服从,无视限制和程序。你喜欢即兴发挥,不愿意筹备和计划,对细节没有兴趣。如果你要有所作为,应尽量使自己的新思路现实、可操作。与更实际的人一起工作会对你很有帮助,这也符合你的特点,因为你不喜欢独自工作。

4.2.2　动力理论

根据动力人格理论,人格是指人的外在表现,所呈现出来与众不同的做事方式、决策方式等。而在这些方式背后,有一种内在的驱动力,促使人格的表现,即动力。目前动力的理论划分有许多种,我们选取了与工作最相关的影响愿望、成功愿望、回避失败、情绪稳定作为我们理论的基础。

一个人的动力特点是由遗传、家庭环境、成长经历等因素长期作用形成的，所以你不要期望改变他人或自己的动力，相反，理解并按照动力特点去工作、学习，你将得到更大的满足，生活将更快乐，更丰富多彩。

动力这里指动机、驱动力，是为实现一定的目的，激励人们行动的内在原因。动力能够引起人们的行动，维持这种行动朝向一定目标，并且强化人们的行动，是人们活动的推动者。

世界上关于动力理论的划分有很多种，《北森职业规划》选用与工作相关性最大的动力因素作为分类指标，包括影响愿望、成功愿望、挫折承受、人际交往 4 种。

1. 动力的划分

1）影响愿望

人们希望影响、控制他人的行为、情绪的倾向，愿意引导或说服他人走同一条路 ，或按照自己的想法行事的动力。

2）成功愿望

面对工作，人们的积极主动性和心态，包括做事的持久性、意志力、自信心、追求卓越的程度等。

3）挫折承受

在现在或将来可能遇到的挫折、困难和失败面前的心态、情绪反应以及特定的行为方式。

4）人际交往

在生活和工作中对人际关系的关注程度、与他人建立并保持良好关系的愿望和技巧。

2. 动力指数

下面的数字是你的动力人群指数，人群指数的数值范围为 1%～100%，是一个统计术语，用于表明你在人群中的站位，即与他人相比你的相对位置。如果你的影响愿望为 70 分，则表明你比 70% 的人影响愿望高。

（说明：75 分以上为高分，25 分以下为低分）

（1）影响愿望（32 分）。

高分特征如下。

① 愿意主动影响、控制或引导他人。

② 愿意干预他人的情绪、做事方式、进度，期望结果可控。

③ 希望处于那些能够表现个人影响力的职位上。

④ 非常在意自己行为的影响力和在他人心目中的位置。

低分特征如下。

① 不愿意影响、控制或引导他人,希望每个人按自己的方式做事。

② 满足于现状,不希望与他人进行权力之争。

③ 如果是管理人员,团队规范化程度不高。

(2)成功愿望(31分)。

高分特征如下。

① 做事主动、意志坚强,不达目的不罢休。

② 对自己有较高的期望值,重大局,不贪小利,较少感情用事。

③ 有较强的责任心。

④ 做事有较强的目标方向性。

低分特征如下。

① 做事的主动性较弱,不愿主动承担责任。

② 追求个人高目标的愿望不强,心态平和,对事情要求不高。

③ 倾向于容忍自己的不高追求或失败。

④ 喜欢较为轻松、没有压力的生活。

(3)挫折承受(83分)。

高分特征如下。

① 意志顽强,在逆境中不失斗志。

② 在新的或不确定的情境下敢于探索,不惧怕失败。

③ 对情绪能进行很好的自我调节。

低分特征如下。

① 做事小心谨慎,尽量避免出现差错。

② 过分在意结果,做没有把握的事情时犹豫不决。

③ 压力感受强,易于受情境影响。

(4)人际交往(98分)。

高分特征如下。

① 愿意在人际关系上投入时间和精力。

② 能够获得广泛的人际支持。

③ 具有良好的人际交往技巧。

低分特征如下。

① 更愿意依靠自己的力量。

② 喜欢与少数兴趣相投的人保持交往。

③ 在人际交往中顺其自然。

3. 动力类型图

各个维度上的心理动力特点相结合,构成了一个人稳定的心理动力模式。基于我们的理论,这种心理动力模式从两个方面反映出来:一方面,它反映为人们设置目标并且努力推动目标的实现;另一方面,它反映为人们在前进过程中,克服压力与困难。

经过测试,我的类型为满足型和开拓型。

动力类型解释如下。

(1)追求成就类型解释。

满足型希望找到适合自己的领域并发挥自身价值,注重顺应环境而不是改变环境,难以适应压力过大的工作。

(2)逆境承受类型解释。

开拓型乐于接受挑战、承担风险,在困难和挫折面前不轻易后退,意志顽强。

4.2.3　工作中的优势

对于不同的人格类型和不同的动力等级而言,没有"好"与"坏"之分,每一个人都是一个独一无二的个体,都有其特别的优势和劣势,但问题的关键在于如何认识这些优势和劣势。我们对成功的建议是:"取己之长,补己之短",学会了这一点将会影响你的成败及你对工作的喜好。

在工作中的优势如下。

(1)能够打破常规思考,考虑事情发展可能出现的新情况。

(2)敢于冒险、敢于尝试新事物,能克服障碍,能够在任何你真正感兴趣的领域中成功。

(3)适应能力强,能迅速改变自己的行事速度及目标,兴趣广泛,对自己感兴趣的东西接受能力强。

(4)对收集自己所需信息有一种天生的求知欲和技能。

(5)能统观全局,能看出行为和思想之间的潜在含义,交际能力强,能以有感染力的热忱和精力激励他人。

(6)能洞察别人,能理解他们的需要和动机。

(7)富于创造的思考者,好的问题解决者。

(8)能够把自己的天赋与别人的兴趣和能力集合起来,善于赋予适合的人以合适的职位/任务。

(9) 有稳定平和的心态。

(10) 敢打敢拼,富有开拓精神。

4.2.4 工作中的劣势

下面列出了你在工作中可能存在的缺点,这些缺点有的比较明显,有的并不明显或你没有意识到,目的是为了让你"注意"到它们,并考虑产生的原因,缺点有些是天生的,而有些是长时间形成的,因此你不可能在一两天内改变,而是去思考,其实知道存在的问题就是改变提高中很重要的一步,你会发现你正在慢慢发生变化。

在工作中的劣势如下。

(1) 做事不太条理,或不善于分清主次顺序,把握事情的轻重。

(2) 对缺乏独创性的人和事没有耐心。

(3) 通常不喜欢任何重复或例行的事务,不愿以传统或常规的方式行事。

(4) 易于烦躁或不耐烦,尤其是当工程上的创造性过程结束后。

(5) 不能容忍与过于严谨的机构或个人工作,组织性观念不强。

(6) 倾向于关注可能发生的事情,而非实际的或极可能发生的事情。

(7) 在工作细节的完成上有一些困难。

(8) 独自工作时经常效率较低。

(9) 斗志不足,容易松懈,通常不愿付出过多的努力。

(10) 有时表现得莽撞,不计后果。

4.2.5 适合的岗位特质

研究发现:职业满足会使你的工作主动性更强,积极性更高,更愿意去工作。

经过测试,我的岗位特质如下。

(1) 在人际友好、轻松的环境中与不同特点的人一起工作,避免冲突和矛盾。

(2) 工作充满乐趣,富于挑战,允许你自由发挥灵感和创造力,参与冒险。

(3) 可以创造新的想法、产品、服务或帮助别人,然后看到计划变为现实。

(4) 工作环境与你的理念、个人价值观一致。

(5) 规则和限制少,能够自己安排工作的进程和节奏。

(6) 工作不要求处理太多的重复性、程序性、常规性、琐碎的事物。

4.2.6   职业类型

适合的职业

这些工作的创造性是吸引你的一个很明显的原因,它们能够让你新颖独特的想法充分发挥,尤其当环境无拘无束,并能从帮助别人中获得鼓励时。

例如,人力资源开发/培训/招聘人员、销售经理、小企业经理、市场(拓展)人员等。

你的特点是可以轻易地看到某个方法、计划或服务可能给别人带来的后果,善于深谋远虑,还可以发明一些富有创造意义的解决问题的方法。

例如,公共关系、营销、市场开发、客户服务、艺术指导、广告人、战略规划人员等。

你有活力、有感染力,喜欢能够对别人产生积极影响的工作,帮助他人找到新颖的解决方法。

例如,文科/艺术类教师、社会工作者、职业顾问、社会学者、心理学者、职业治疗、城市规划、营养学者等。

那些自由灵活,可以实现你各种想法,尤其是能对别人产生一定影响的想法是你所喜欢的领域,通常不是传统的商业界。

例如,顾问、人力资源人员、策划、企业/团队培训人员、业务主管、销售等。

4.2.7   个人发展建议

现在你对自己的人格类型和动力已经有了一个比较清楚的了解,但这还不够。"如何通过这些信息使你在这份工作上取得更大的成功"这是关键所在。

运用你的能力非常容易,你成功的秘诀如下。

(1)判断和把握事情轻重,优先处理重要的事情。

(2)集中精力于某一目标,尽量将事情计划和落实。

(3)减少外界无关因素的干扰,对自己接受的事情坚持到底,不要轻易妥协。

发展建议如下。

(1)设立事情的优先级,考虑轻重缓急,发展持之以恒。

(2)需要关注重要的细节,避免总是丢三落四。

(3)需要规划和计划,并运用时间管理技能。

(4)目前不要考虑在压力大的环境中工作。

（5）适合的时候，主动承担一些工作对你的发展更有利。

（6）需要冷静的分析和头脑灵活性来保证正确的前进方向。

4.3　我的体会

这个测试的结果大体还是符合我的，特别是在性格测试中所提出的可能的盲点，我确实有类似的状况，例如注意力不能很长时间地专注于一件事，而且很多事情我事先做出各种可能性分析，最后使自己难以取舍，然后错失一些机会，还有就是相对于独当一面更希望能与人协作。

4.4　我所考虑的职业

对于政府部门的工作，我很惧怕那种坐办公室的生活，因为总是希望生活有些激情，而不是一成不变的。事实上前段时间对市场销售很有兴趣，但是多方面考虑，还是受限于自己的性别，虽然现在总说男女平等，但是实际上女性所能选择的工作面还是要窄太多。因此又考虑经济、金融之类，但是近几年随着越来越多的人把留学的重点选择在欧洲学习金融贸易之类，因为是有钱就能拿到文凭的那种，所以现在市场上感觉是越来越泛滥而且不值钱，再加上我本科也不是这类专业的，就算有机会留学学习这些，但和前面所述的那种情况几乎没有什么区别。因此，现在在考虑人力资源这类的工作，而且有计划去学习一些心理学的知识，对于这种协调人与人之间关系的工作，应该是个恒定的就业主题。

不管怎么说，在当今的社会就业只是一个开头，就业后还要如何发展就要看个人的能力了，现在还是应该边考虑着将来的路怎么走，边充实自己，毕竟有过人的能力，才是自己最可靠的筹码！

4.5　结束语

在写这篇文章的时候我有很多构想，而且迟迟下不去笔，以往选修课论文我都是期刊网上一搜一抄了事，那只是应付老师和学分而已。但对于自己喜欢的感兴趣的课，就会比较用心地去做，而且也特别感谢王老师对我们的教导！也不能说是教导，因为感觉不是老师在讲课，而是一个师兄在向一群师弟、师妹传授自己的经验，帮助他们认识自己，亲切又不失一位老师的威严。

很高兴选了王老师的课，虽然这短短几节课对于我们掌握这门学科是远远不够的,但是能这么认真地审视自己还是很少的,因此,课程带给我们的已经远远地超过了课本的范畴!

再次深深地感谢王老师!

［王老师点评］

在这么多同学中发现一个愿意做人力资源工作的,真是让我惊喜!从你的经历和个性分析,我觉得你确实适合做人力资源管理工作,因为这份工作符合你所说的"生活有些激情,而不是一成不变的"。你每天遇到的人都会出现一些新的面孔,或者虽是老面孔但总出现新问题需要你去解决处理。

要成为一个成功的 HR 经理人,建立人际网络是必需的。记得我在厦门企业里研究人力资源的两年时间里,就发起建立了厦门市 HR 经理沙龙,现在已经有200 多家企业的 HR 经理人了。第一次活动的时候只有 5 个人,以后每次人越来越多,每个月都定期碰头聚会,大家每次事先商定一个讨论的主题,到时由一个HR 经理主讲,余下的时间就是讨论,分享信息、交流经验,完全就是"学习型组织"的团队学习形式,非常有收获。我给研究生开设的"学习型组织的创建"这门选修课也就是采取这种方式来上的,每次由 3 位同学主题演讲一个内容,例如,"如何提高语言表达能力"、"如何挖掘自己的潜能"、"如何与不同理念的人合作相处"、"如何设计职业生涯规划"等,然后全体同学一起讨论。

善于沟通是一个 HR 经理必须具备的能力。因为你的办公室的门在任何时候都需要向员工敞开,他们随时可以进来与你探讨问题和谈论遇到的问题。你需要非常乐意听取每一个人的意见,也愿意帮助他们解决所遇到的难题。

一个成功的 HR 经理还需要懂得平衡。有时候你的下属争宠,这就需要你在表扬和奖赏某个人的时候得到多数人的支持。要善于平衡同级之间、同事之间的关系,很好地平衡每一个部分。

我自己的经历与你的经历挺相似,父母大学毕业后一个分配在西安、一个在哈尔滨,我小时候有两年时间是在姥姥、姥爷身边成长,6 岁前在哈尔滨待了两年,河北待了两年,河南洛阳待了两年,也算是走南闯北,经历丰富。现在想起那时坐火车,因为车厢拥挤、没有座位,只好站在人群中,而我年纪小、个子矮,处于车厢空气污浊的底部而感觉呼吸不过来的感觉,还好像是噩梦。

然后我在合肥上小学、中学,在北京读大学、博士,在江苏工作 1 年,厦门工作12 年,深圳工作 4 年。

人生就是一次旅行。别人旅游是在一个地点待几天就离开了,我则以几年时间为单位旅游。Travel makes a man wise,但愿如此。

你考大学选择材料专业的原因是容易出国，而我选择电机系仅仅因为那一年的招生宣传招贴上电机系位于最左上角。反正看每个系都把自己吹嘘得挺悬乎，看不出什么差别，就选了电机系。父母是学自动控制的，他们倒没有为我出主意，完全让我自己选择，可能他们也觉得学什么都一样吧，关键要有一个大学读。国外大学里，计算机、无线电、自动化系都在电机系里面，只有中国的大学把专业划分这样细。其实学的课程都差不多，不过深浅程度稍有不同而已。

等进大学一学才发现电机不是自己的兴趣，虽然"电力系统自动化"专业还算是电机系最好的专业，对口单位都是电力局、设计院、电气公司等单位。但是自己对变压器、发电机、电线、电缆等怎么也喜欢不起来。仅在潜意识"只有好好学习才有好的出路"的支配下，成绩尚可，刚好够免试推荐读研究生、博士生（现在回想自己之所以成绩没有达到优秀的水平，一是清华里面人才济济，二是自己的思维方式与理工科所需的思维方式不大一样，好像兔子学游泳——不是那个材料）。虽然自己已经知道自己对文科更感兴趣，但是转文科专业的研究生需要参加全国统一考试（现在清华大学的学生真是幸福，转专业读研究生不需要考试，直接就可以保送），而我是应试教育的牺牲品，最怕复习考试（还记得高考的第一场我就紧张得满头大汗，一口吞下一把小药丸，把监考老师都吓一跳，主动端来一缸子水给我压惊），既然读原来的专业可以不考试，那就继续读吧（现在回想，不断读高级学位其实是为了逃避职业的抉择）。同时考虑，反正兴趣可以在业余时间继续发展。结果是，硕士、博士期间，我的白天在干专业里的研究，晚上则在看自己有兴趣的文科书籍，可以算是博览群书了（由于我在学校图书馆文科阅览室坐的时间太长，值班老师都认识我了，邀请我给新到的图书写书评）。当时如果不是一心二用，发表的 EI 检索论文就不止 10 来篇了，恐怕是 20 来篇了（当然现在改了行，那时发表再多的 EI 检索论文也没有用）。

1990 年我的一个表妹考进清华大学建筑系，而她的第一志愿是计算机系，一直牢骚满腹。我写了封信开导她，讲了一通"科学与艺术是树叶的两面，建筑是最有艺术品位的一门科学"的道理。后来学校搞征文活动，我拿此信去投稿，居然得了第一名，还是文学系的教授评出来的，给我的奖品是本《红楼梦》。

读博士期间，我一边读书一边当本科生的班主任，这个班后来被评为清华大学优秀班集体，让我很自豪，发现自己有点管理的悟性。学校开教书育人研讨会，电机系就派我去发言了，是代表里面唯一的一个学生身份。

等到我博士毕业的时候，无法逃避职业的选择了。虽然有好几家电气公司都以月薪 1 万的待遇欢迎我去工作，可是我心里总是觉得自己不想干这行。1999 年学校第一次派博士毕业生到地方政府挂职锻炼，我参加了，再次逃避职业选择，同时可以好好思考自己究竟适合干什么。首先发现政府机关的日子不是我想要的，不需要创造性，只要按照上面的精神、指示统一执行就可以了，开会说的话都是套话、空话，很多时间是迎来送往、吃吃喝喝。我觉得这简直是浪费生命。我开始研究政府管理应如何创新，应如何考核政府和政府官员的政绩，政府应如何鼓励企业技术创新等问题，感觉做这些管理的研究是我所喜欢的，有成就感。

挂职结束，我到企业做管理博士后，觉得这才是最好学习管理的地方。两年时间收获不小，为企业设计了人力资源管理制度，发表了一些论文，出版了 5 本书。博士后出站就来到深圳的清华研究生院做老师。

我现在觉得，我国的教育制度问题真是太多、太大了。对于学生来说，我们的教育忽视了职业教育，在小学、中学阶段可以说完全没有这个课程。学生没有机会发现自我、了解自我、发展自我、探究自己的职业兴趣、测查职业兴趣倾向。直到中学毕业报高考志愿的时候，学生们才发现自己是一个需要面临选择并且需要马上做出选择的独立个体。有多少人的专业都是像我一样胡乱选择的。

我们的基础教育无视个体的生存需要，受教育者始终被要求必须克制自己的非主流欲求，学好限定的主课，没有时间也没有机会发展个人爱好以及参与相应的社会实践。

其实，在基础教育阶段，最重要的并不是培养具体的职业技能，而是培养职业兴趣。高中阶段应对职业、行业、专业有比较深入的了解，让高中生与各专业的大学生座谈以了解各种专业的学习特点，根据自己的职业兴趣倾向采访相关职业的从业人员。学校应请心理学家、教育学家、心理咨询专家来学校作报告、开座谈会，帮助学生发现了解自己的性格特点、兴趣倾向、能力专长，以便使学生能在自己兴趣与特长的基础上选择专业，确立职业取向。这样的话，就不会出现现在这样多研究生都不喜欢自己的专业、想要改行的事情了。

说到根子，我们的教育还没有做到"以人为本"。

第 5 章

天 生 我 才

钱秀平

　　我从小生活在农村,农村里的生活尽管比较辛苦,但是却带给我无限的乐趣。从小和小朋友们一起玩,大多时候我都是领导,小朋友们都听我的,如果有不愿意听我的话的我就会"加以制裁",也奇怪其他的小朋友也附随我的指令。也许因为这种小时候的"领导启蒙",造就了我现在的性格:不愿被别人管制,也不愿落后于别人。

　　可以说,我的小学生活,是我最快乐的日子。那个至今回忆起来最无忧无虑的年代,犹如大观园刚建成时群芳搬入时的春天,充满着生机和活力,充满着欢歌和笑语。在小学的五年里,我一直名列前茅,在那个充满着以学习为崇拜对象的时代,我因为学习好就成了同学们崇拜的对象,成了老师和父母的宠儿。这所有的一切带给我的不仅是幸福的包围,还给了我一些虚荣的满足。如果这些只是满足了我的虚荣,那么那时候游戏的创新却给了我真正的发自内心的无限的快乐。

　　记得那时候,我们可玩的游戏特别少,游戏创造便成为了一种趋势。我带着小朋友们捡了好多小石子来玩。那时,比较流行的是七颗小石子的游戏。但是,游戏是供来消遣的,我们玩着自己创造的 20 颗小石子的游戏,也其乐融融。

　　农村不比城市,在农村没有很多玩具玩,也没有很多儿歌可唱。但是,在农村却有着广阔的天地供我们游荡,有无限的资源供我们挥霍。在田地里我们尽情地采摘着玩具,唱着我们自己编的儿歌;在打麦的草场上我们像刚脱缰的小马跳着自己创造的"舞蹈"。童年还有一些很有意思的事情,大家听起来可能会不相信。我小时候很调皮,经常和男孩子打架。尽管我那时候长得瘦瘦的、矮矮的,但是我和男孩子打架却很厉害。所以,被我打得痛哭流涕的男孩子的家长经常找到我们家里来,父母为此很烦忧。尽管被找到家门,我还是很自豪的,老感觉自己很有威望、很厉害。童年的趣事回忆起来仍然像清脆的小铃铛一样映入人的耳畔,只让人想起它那抽象的美好。这些美好的时光,我仍记忆犹新,它的美好造就了我善良的本性,也使我这样的人比较容易满足,一点点的类似于自己童年的创造性乐趣都给我带来欣喜。别人都说我这样的人有点痴傻。

　　每个人的生活都像是按照自然拟定好的轨道一样往前进。度过了美好的小学，我就开始进入中学。中学可以说是我的转折点，它改变了我的性格，改变了我小时候所形成的美好的希冀。从乡镇中学转到县中学，孤独的旅程就从这个时候开始了。我好像一下子被投入了寂寞，一会儿被抛进了另一个陌生的世界——没有了自我。

　　在整个班里，我是唯一住校的人，没有人与我同行，没有人给我必要的安慰。在青少年最难度过的日子里，我默默地忍受着孤独，品尝着所谓的清贫味道，聆听着青春焦躁的脚步声，呼吸着它的急促而又芬芳的气息。在寂寞的日子里，我一下子成熟起来。我拼命地学习，也积极地参加各项活动。学习上我还是名列前茅，其他方面也还是别人学习的榜样。我转学后的第一次考试就得了第一名，老师对我刮目相看。在以后的日子里，我还积极参加体育比赛，100 米跑得很快，比练体育的学生还有优势。每年的学校运动会我都参加，得到的小奖品和奖状有好多个。在班里我还当课代表，同时兼职组长。我又得到了老师的夸奖，沐浴着家长的欣赏，倾听着同学的艳羡。然而，欢乐不再，生机很少再燃。从这里，我慢慢变得冷漠，更愿意独自品尝寂寞。我试图在人群中寻找属于我的欢乐笑声，然而听到的只有内心悲叹的哲理。我渴望别人的关怀，由衷希望别人的注视，真心想做一个能为同学们服务的"公仆"，然而，每每在这个时刻，总有一种力量拉住了我。尽管有时表面上看上去我还是很开朗，但是，那已经不是往昔。所以，直到现在，我仍然怕在嘈杂的人群中别人忽略我的存在，然而，矛盾的是，即使我在笑嘻嘻地和别人聊着天，我在内心也深深地感到寂寞。

　　寂寞总要寻找寄托，这时的我喜欢上了文字。所以，我的作文常常被老师当作范文来读，同学们也非常奇怪为什么我会写出在他们看来这么成熟的文字。大学时，我们的文学老师曾经说过，但凡一个人很孤独的时候，他最倾向的就是文字。当一个人真正地没有知己时，他才会体会到鲁迅作品的魅力。我只是寂寞，所以我只是喜欢文字，还未体会到鲁迅的魅力。喜欢只是喜欢，没有理由。喜欢却并不模仿，所以，尽管我时常在深夜里倾听古人的唉吟，聆听当代人的诉说，我却不能用优美恰当的文字来表达自己的呐喊。所以我总是彷徨。

　　高中犹如一潭清澈的溪水，细腻而有质感。三年中过的没有大风带来的波澜壮阔，但却有春风吹起湖心涟漪；没有浩浩荡荡的步伐，但却有温馨迟缓的迈步。我的成绩一直是父母值得骄傲的地方，这么多年来我唯一能毫不虚伪地说的就是我的学习成绩一直都是很好的。可能因为学习好，别人，特别是中学的老师，就会多看你几眼，把什么光环戴在你的头上。我在高中三年一直是班里的三好学生，一直是老师教育学习不好的学生的榜样。每每如此,我就会非常难过,我就怕老师对我的表扬会伤害了别人的自尊心,使他们变得孤独和寂寞。因为我经历过这样的"炼狱",所以尽管老师的夸奖满足了我的虚荣心,我还是怕伤害了别人。

一个人似乎有着生命的定数。我就是这样感觉的,其实到现在也确实是这个样子的。对我来说,我似乎就是只能做模范,不能当叛逆者。尽管我在高中也是很优秀,也是被师长们捧在手上,但是我却渴望叛逆。我不希望被老师说成成熟、踏实、沉稳,而倒愿意自己是个街上的叛逆少女,能尝试各种新鲜的东西,来随心所欲地做自己想做的事。就像阿 Q 那样,我喜欢谁就是谁,我想干什么就干什么。然而,真是这样我就能快乐吗?不得而知。人都生活在围城当中,进去的人想出来,出来的人想进去。我不知道我如果换一种生活方式会是什么样子。然而,每个人不都是生活在既定的生活轨道上吗?脱离了轨道,可能你就不是你了。这就是自我,而不能做本我。

随着大学的门朝着我开放,我也真正地慢慢成熟起来。大学里的生活丰富多彩,于是,在这样的生机勃发的大一一年,大家都被感召了。我又重新被唤醒了内心的创新和期盼,唤醒了我小时候内心的雄心。于是,我又开始活跃起来。我在各种潮流下寻找着自己的梦想,希望能找到让我感到幸福快乐的地方,或许那只是一片小小的芳草地,也或许那只是一个小小的社团,也或许那只是一个小小的宿舍长的头衔。于是我怀着美好的愿望去竞选什么部长、副部长,有成功也有失败。这时的我,似乎学会了不再品尝寂寞,而是学会了分享,学会了倾诉,学会了团结,也学会了正确的奋斗,学会了与人相处。大学是我又一个转折点,大学的生活让我懂得了生活的意义,也不会再问"to be or not to be"这样的问题,也不会去想"我为什么要活着"这个被人问了千百遍的话题。在很多个月亮"普照"幽静校园的夜晚,我时常感叹生活对我的善待,也感谢身在农村的父母为我提供了如此优越的机会来接受高等教育,我对生活、对社会、对父母、对身边的人都怀着一颗感恩的心。

大二似乎才是真正的学习生活的开始。于是,从那个时候开始,我又开始了自己的刻苦学习生活,一年之内就把英语四级和六级都过了。特别是我开始学习古典文学之后(声明一下:我在大学学的是新闻专业,但是也需要学习文学方面的知识),在大师的讲解之下,我对人生的看法开阔了许多,宽容了许多。也因此,在积极的人生态度下,我开始用文字来讲述自己的家乡,我的调查报告也多次获奖。人生似乎是很奇特,你刻意地追求什么,好像追求不来,当你驻足看身边的风景时,追求的东西会在不经意间降临到你的面前。我一直想寻找不一样的生活方式,当我在苦苦地寻找时,剩下的却只有伤心流泪。当我把一切抛开,不去想它时,新的生活方式已经悄悄地降临在我的身边。是的,我正在以一种新的生活方式生活和学习。我不是以前的自闭人了，我是新的降生者。我的计算机等级也过了，实习成绩也很好，三年来，我也没有间断获得奖学金。

实习阶段，我真正地感觉到，自己已经不是一个孩子了。那是大三的下学期，在春天，一个阳光明媚、百花落在肩头的日子——新的生活真正开始了。我将自己以前所积累的经验和理论都用上了，也将自己的优点发挥到极致。由于我在报社实习，要和不同的人打交道，所以我不仅发挥了我小时候创新的天赋，也使我一直想当个小领导的虚荣心得到了满足。因为单独采访要面临各种情况，所以随机应变是必不可少的，况且，被采访者是处在被动的地位，采访氛围由我一个人来控制，所以，越是没有人知道的情况下我越是能自如地发挥，越是表现得好。整个采访过程，可以说就是你一人指挥的过程。你可以在自己的整个采访过程中指点江山，侃侃而谈，可以将自己的创意和感情加在里面，只要能把稿子完成，只要能把基本的原则掌握好就可以了。在这里，你可以品味自己的能力；在这里，你可以发挥潜在的力量。由于我的新闻写作功底还不错，所以，自己写完的稿子带我的实习老师基本上不用再改了。带我实习的记者还曾经说我是他带过的水平最高的实习生。为这件事，我高兴了很多天，也干得更有劲了，不论是刮风下雨，我照样在大街上寻找我的新闻线索，寻找着我的快乐，以及属于我的"江山"。实习给我了一些实实在在的经验，给了我实实在在的、来自于社会的鼓励和不再只是在老师的眼光评价下的满足感。这些，都给了我自信。我很感动，因为从小以来那种在我看来是虚幻的光环终于可以在社会的阳光下显露出来了。

过来人都告诉我们，大四这一年才是成长的最关键的一步。择业、感情都要面临抉择，而这种抉择往往又关系到以后的发展。我承认，到了大四我们真正地经受了一种"炼狱"，是精神的炼狱。或许，只有经历了"精神的炼狱"，才会有层次的升华。

从暑假开始，我们就感觉到了这种类似于硝烟似的气味。整个楼层里，到处弥漫着大家考研的气息。对于名牌大学里的学生，毕业后可以选择的很多，或者就业，或者出国，或者保研。然而，对于我们这些一般大学里的学生来说，面临的选择就被局限在小小的圈子里：在本地找个还可以的工作，然后开始辛苦的，并不像清华大学和北京大学的骄子一样披着光环的生活。所以，很多人为了去外边看看，为了也能去名校接受名师的指导，不惜力气拼命地考研。我们也曾经抱怨中国大学的学校资源分配不均，但是，抱怨又有什么用呢？我们没有任何资本去改变任何东西。在中国，从古至今，作为百姓的中国人都倾向于去适应既定的规则，没有多少人为了改变的自己的命运而去改变规则，即使有，最后的奋斗者都落得头破血流。所以，我们能做的就是拼命地学习，在既定的情况下去尽最大的努力改变自己的命运,改变自己狭小的视野。在整个冬天里,我和我的考研战友们并肩作战,熬过了最难以度过的时期。说到这里,我觉得自己之所以能在考场上这么顺利,还因为我能耐得住寂寞,能抵住各种诱惑。如果有什么重大责任,我肯定会完成得很好。我觉得自己很适合去做"重臣"。

硝烟过后,我们就迎来了战后的曙光。想起这段日子,我仍然感觉那是一个灰头土脸的日子,衣服常常因为学习好长时间不洗,有时甚至一两天才洗一次脸,睡觉更晚,那时总是把能睡上一次懒觉当成最大的梦想。不过,想一想,我也把那当成一次小小的胜利。因为,在准备考试的过程中,好多同学都不知道自己到底需要什么,不知道自己的目标为何物。所以,他们都是既想得到这个也想得到那个,结果,重要的东西都失去了,剩下的只有一点点的微不足道的东西。所以,长这么大,我也发现了从未发现的自己身上的一个优点,那就是,认准的事情,会坚持到底做下去,知道自己的目标,并会为之努力奋斗。这可能是我在很多方面优于和我一起同行的人的原因。但是我这方面的性格有时也成为一种缺点,就是钻牛角尖。在很多人眼中,我执着做的事情是非常不可思议的。

严冬过后,春天又来了。春暖花开的季节,我们又开始了新的探索。在各大招聘会上我们跑来跑去,追寻着招聘者的脚步,积极地去吸引招聘者的目光。尽管大家的归宿不一样,但是,一分耕耘一分收获,大家都得到了自己的收获。我也是。我终于收到了来自清华大学的录取通知书。

欣喜之余,我还为学费的事情感到深深的忧虑。别人对贫困的学生报以同情,但却给的帮助很少。所以,自立、自强变成了我与生俱来的品格。我独立完成工作的能力很强。从高中开始,学费就非常高,第一年(1997年)就3000多元,加上我弟弟的学费家里简直不能承受。所以,上大学的时候,我决定不让父母再如此劳累了,于是,我向工商银行贷款13 000元。在大学期间我的生活费用基本上都是自己靠打工赚来的,尽管父母对我表示非常心疼,觉得似乎愧对了我。其实,在打工的过程中,我得到的不仅仅是金钱,还有阅历和心得。这些经历有辛酸也有快乐,然而,不论它是什么颜色的,它都洗涤了我的心灵。所以,当我看到清华大学通知书上的高额学费后我就很头疼,感觉命运一直在拿我的贫困和我开玩笑。

在整个暑假我一直待在济南,我想通过自己的一点点的力量来创造一点点的财富。我找了一份工作,在那里工作了两个月。当时,我做的是儿童英语教材的推广,同时,也兼教学职务。尽管只有两个月,我却得到了经理的认可。欣赏我的人都这样对我说,他们喜欢我的魄力,喜欢我的踏实和诚实,喜欢我的不拘一格。就这样,在离开学还有18天的时候,我回到了家乡,回到了生我养我的小村子。我深深地感觉到家乡的贫困,但也为父老的诚恳朴实而感动。我洞悉着农村的一切,观察着周围的景象。我感觉,我的家乡,我的父老并不像大家所认为的那样是最贫乏的群体。乡土文化是很多专家学者永远也学不完的,也是为一些脱离了民众的知识分子所永远也体会不到的。农村,以及生活在农村的农民才是真正的强势群体,正如大海的暗流,在下面涌动着的永远是最有力量的,一旦爆发便不可收拾。然而,中国的制度使这一切都朝着畸形的方向发展,如果政策放宽,如果制度真正开放,这种暗流就会涌动,就会带来中国经济的、政治的巨大进步。君不见,历代的变革不都是农民推动的吗? 亲临着这一切,我更加希望有一天成为改变整个国家规则的人,去推动社会的正常发展,去掀动力量的爆发。

进入了清华大学,似乎我的梦实现了一半。

在学习了这门课以后,对我个人有许多启发。"生于忧患,死于安乐",这也许是我的最好阐释。所以,我根据自己的性格给自己制定了如下的职业生涯设计。

知己莫若己。我的经历对于别人来说,也许很平凡,也许好似白开水那样的平淡无奇,但是对于我个人来说,那才是真正属于我的,它永远不会消失,它永远不会离我而去。它使我明白了很多,也让我学会了宽容。不仅学会了生活,更学会了生存。我有着坚强的性格,有着创新的意识,有着沉着的思维,有着踏实的精神。但是,我也深知自己的缺点,深知个人的不足。我的多愁善感往往使我陷入无边的寂寞,也常常使我有着悲观的论调。我有着雄心,但不一定有着雄心勃勃的职业生涯设计。所以,请老师根据自己的资历,和您渊博的知识来给予评论和鉴定。

根据自己的性格,我觉得自己适合与文字打交道,也适合需要思考的、逻辑性比较强的工作。所以,我的职业生涯设计中涉及的 3 个职业有法律职业工作者、记者、作家。

拟职业生涯实施的具体情况如下。

1. 法律知识积累阶段

由于自己的专业知识还不是很扎实,所以我打算在清华大学的三年的时间里好好地学习,把基础知识学扎实,为将来能更好地从业奠定基础。兴趣是最好的老师,所以根据自己的兴趣来选择自己的课程。我喜欢刑法,喜欢知识产权。所以在这三年当中,努力争取把自己喜欢的学好。

要从事好法律职业,宽广的视野是必不可少的,所以,一个人视野的开拓还不仅仅是只靠几本教科书和专业书来练就的,还需要涉猎很多很多的东西,包括国家的、世界的,不仅仅是天文的、地理的,还有基本的理科知识也得懂。所以,在这三年当中,我的任务就不仅仅是学好专业课,还得训练自己的综合的素质。我知道,如果说一个人的专业知识在两三年内可以学得很扎实,那么一个人的综合素质则需要不仅仅是 5 年、8 年的事情。所以,在这个积累的过程中,我打算积极地参加社会实践,社会才是一个大熔炉,才能把人练就一身的"武艺"。由于年龄和家庭的问题,我不打算再去深造,所以,我会非常珍惜这最后的三年学生生涯。时光荏苒,短暂的三年很快就会过去,从现在抓紧时间就是开始。

2. 法律职业从业阶段

1)工作后的前三年

我打算先利用所学去从事法律职业,因为我一直生活在贫困当中,一直手头不宽裕,我需要用自己的知识去获取金钱,去品味由自己来赚钱消费的生活。我有这个自信,在这个动机下(当然不是为了贪得无厌的赚钱)我会做得很好。工作是一件很好的事情,起码对我来说。因为我不仅可以体会赚钱的快乐,也可以获取很多经验和阅历。我有一个特点,就是无论干什么,我都把它当成一种学习,这或许是从小形成的惯性想法。即使很艰苦,我也能苦中作乐。例如吃饭,大家在餐馆吃完一顿饭没有什么感觉,但是我会把这里的布置、这里的装饰、这里的服务员长的什么模样、老板从表面上能看出的性格等记下来。一般情况我都能把整个餐馆的大致情况给没有来吃饭的人描绘得很细致。所以,我也相信,在三年的时间里,我学到的东西不仅仅是一些经验,我相信我还能练就一些我意想不到的素质和气质。这是我打社会基础的阶段,也是开始拓展人际关系的起点。在这个阶段,所从事的职业最好是律师,如果社会给不了我这样的机遇,我会去考公务员,当然也要从事法律工作。

2)工作十年后

工作十年后我已经到了 35 岁,如果还没有做出点成绩我觉得连自己都对不起。所以,在打好基础之后,这 7 年中我肯定要在本行业中成为佼佼者,或者成为能为众人所知。

除了本行业外,我还会从事我所学的新闻行业。争取积累多方面的扎实经验。因为,只有多从事多种行业才能获得多种经验。我本科学的是新闻,对传媒方面的运作我有一些了解,所以,在有了法律工作经验后,做一个新闻工作者应该更容易,也更容易掌握其经营。

在这几年中,我不会因为职业,或者好听一点称为事业而耽误自己的终身大事,也不会冷落朋友和父母。因为,他们才是你最忠诚的支持者。结婚,也是人际关系网络的联姻。在这 7 年中,我要达到的不仅仅是待人处世的成熟和老到,更是关系网的坚不可摧,也为以后创业打基础。

除此之外,我认为很重要的一点应该是有很强的用人能力,能慧眼识真,最好周围有一群潜力股,当需要的时候,这些潜力股能发挥其不可替代的作用。我不是心理专家,但很多时候第一次见面,直觉就能告诉我他(她)是什么样的人。很准,我一直都很信。但是,这种本事只有靠实践和阅历也能增强成功的系数。成功者的周围一定要有一些人才为她(他)服务,所以,十年之内要笼络人才。这是最大的目标,如果能笼络到人才,也会证明其他的方面也不错。

3. 创业阶段

我是一个宿命论者,相信自己的路平坦但是走得慢。所以我的创业来得晚,大约在 35 岁。我的创业离不开专业,我的构想就是创立一个传媒和法律结合在一起的集团。我想再过上 20 年,这肯定能经营得不错。因为国际化的问题,中国的法制建设肯定要与世界接轨,那么法律慢慢就会成为一种产业。传媒是法律成为产业的宣传渠道,所以,两者结合起来会很有发展。但是既然做了就要做好,所以,经过前 10 年的经验、资金和人才的积累,我相信我的创业会有一个好的开始。在这10 年里,争取把自己的事业搞大,当然具体的生产值和创业额现在不能预计,但是起码能在同行业中占一席之地,并超过同行。

具体的管理模式如下。

(1)放权。任何一个领导人都不能万事躬亲。所以,只有运用潜在的人力资源,用慧眼挑选出来的人才才能帮你解决琐事。作为领导,最应该做到的是:体恤下情,运筹帷幄。这也是我对自己的要求。

(2)激励。任何企事业如果没有激励机制,那它迟早会倒闭。所以,我会把一部分资金专门用来激励。

(3)吸纳人才。人才积累是很重要的,原有的元老时间长了会产生别样的骄傲,所以,经常吸纳新的人才很必要。

(4)宣传。一个企业一定要做好正面的宣传,如果没有到位的宣传,那么这个企业再好,就如同海底的金子,有光也很难发出来。

我一直就有作家梦,特别是前两天看到获得诺贝尔文学奖的又是一位女中豪杰。她的《钢琴教师》的笔触深深地吸引了我。我个人以为,如果一个人一生下来就会做的梦,如果在临死的时候还没有实现,那么,这是一件很悲哀的事情。所以,我更加的幻想,更加的走火入魔。人只有经历了沧桑才会有桑田的感触。所以我想在经历了事业上的磨炼后,拥有一段真正属于自己的日子,想静下心来写出自己的书。不一定成名,只要这个过程就足够了。

题外的话:职业生涯设计另一条路。

血浓于水,根源于情。我从小生活在农村,也是在农村度过了我最快乐的日子。所以，我从小对农民有着一种天然的同情，也有着要改变他们命运的渴望。这种情结一直都在激励着我。这或许因为我的父母都是农民，有着深深的家乡情缘和一种"根"的情愫。所以，我有着另一种职业设计。

我梦想着有一天能成为拥有权力的人。能通过这种权力来推动政策的开放，来改变国家的命运，能通过农民这股巨大的力量来向世界表明中国的潜能。我还一直相信中国文化的精深，对外国的文化从不崇拜。我似乎能够预见中国的发展，中国的潜力无穷，只是还没有找到一个适当的途径。就如同日出之前的那段黎明，冲破了这一点点的黑暗就能超越一切发光体，放射出她最耀眼的光明。

我的这个职业梦想需要耗费我的巨大的精力，何况对我来说，没有什么经济实力，也没有什么家庭背景，而且在中国女性能成为领导人是多么难啊。所以，尽管我一直在有意识地培养自己领导的气质，但是仍然不知道自己的这条路该如何设计。也或许，这只是一个梦想而已，只供用来想的。

我一直相信这样的一句话"天生我材必有用，千金散尽还复来"。我相信"自古英雄出少年"，相信"三十而立"，但是我也同样相信大器晚成，可能厚积后的薄发来得更扎实，更能留芳。

我想用这样的几句话来结束我的这篇文章：人的生命是宝贵的，生命对于每个人来说只有一次。这仅有的一次生命应当怎样度过呢？当他回忆起往事的时候，不因碌碌无为而感到羞耻，不因虚度光阴而悔恨。当他临死的时候他能够说，我的整个生命和全部精力都已献给了人类最伟大的事业——为人类的解放事业而奋斗！

[王老师点评]

看完你的职业计划，好像读完一部优美的短篇小说。你想做作家，我看以你的文笔，一点没有问题。可以说你现在就是一位作家了。如果每个同学的作业都写得像你这样绘声绘色，给做老师的我将带来多大的工作愉快啊！

设计职业生涯有3个步骤，你文章里面主要是第一步骤：拟定目标（其中包括确立方向、评估、具体化目标、阶段性目标）。以后的时间里更为重要的是第2阶段和第3阶段。

第2阶段：执行。包括"考虑途径"（将所有可能实现目标的途径全部、详细地列出，如你喜欢的法律工作者、记者、作家、公务员等）、选择（根据个人的因素与实际情况，一一评估这些途径的可行性，选择出最适合的途径——你现在选的是律师）、计划和措施（例如，在提高业务素质方面，你将采取怎样的措施？计划用多长时间达到目标？措施一般包括工作、训练、教育、轮岗等）、执行（安排执行的进度表,付诸实施)。

第 3 阶段:修订。包括成效评估、修订或进行下一轮设计。因为影响生涯规划的因素实在太多,我们很难事先对某些变化的因素进行预测,所以必须对计划进行必要的修订和调整。修订的依据是每次的成效评估。

你想做的职业目标归纳一下有 4 种:法律工作者、记者、作家、女领导。作为老师,我希望你能实现女领导的职业理想。

回想我给你们开课之前,因为不知道有几个同学会选修我的"人力资源管理"课程,担心选修人数太少、无法开课,我的妹夫(表妹的丈夫)安慰我说:"学生数量不在于多,只要你教出一个克林顿那样的学生,哪怕就一个学生上你的课,足矣!"出乎我的意料之外,后来居然有 50 位同学选修我的课,还有几个北大深圳研究生院、哈工大深圳研究生院的学生旁听,大大超出我的预期。

在妹夫前面的话的心理暗示之下,每次上课我都注意看哪个学生长得像未来的克林顿,结果是越看一个女生越像,当然后来知道她就是你,呵呵——开玩笑啦。

现在从你的职业计划中看到,你确实有这方面的计划和打算,我非常欣慰,赠送你一句话:一定要从艰苦的基层做起。克林顿当年毕业,毅然放弃首都的职业选择,回到贫穷的家乡阿肯色,艰苦创业,改变家乡的落后教育面貌,得到百姓的衷心拥护和爱戴,从州司法部长、州长到总统,一步一个脚印,验证了我们清华的传统"到基层去,到祖国最需要的地方去"才是青年人成长的最好道路,放之四海而皆准。

第 6 章

喜欢做调查工作

C 生

　　说起个人职业,相信每个人从小时候开始思想中都或多或少地涉及过,当然那时候没有"职业生涯规划"这么正式的层面,而是"我想当什么?"——科学家、工程师、解放军、老师、演员……

　　说到自己,那时候的理想是希望自己长大后会成为一名职业经理人。当时更多可能是觉得作为一个企业或部门的负责人好有风度……但也许童年就是童年,对问题的认识都是表象化的,觉得好就说说是了。当然不存在当不当真的问题,更谈不上具体想想为什么、是什么、怎么样……。

　　后来就从学前到五年级,小学到初中。这段可能因为还不成熟的关系就知埋头读书。理想当然考虑过,但现在想来当时依然还是没有任何认真的成分。那时的目标很简单,最高是考大学,最低是"好好学习,天天向上"。

　　再后来,就是高中三年生活。当然因为一开始的上大学想法,自然就省去了初中毕业时有关高中与中专的选择。中考时虽然学制是四改三,却也顺利升学成功。由于高中学校对高考升学率的极其重视,我们那届学生高一第二学期就要求分文理班了。也就是这次文理分班可能使我真正意义上开始考虑以后的人生。因为道理很明显,文理之分将很大程度上决定一个人的人生。但我理工类学科都不行,尤其物理甚至是一窍不通。同时对文史方面东西向来比较偏好,权衡老师、家长及周围人的意见,决定还是向高考看齐,最终选择了文科,学起了史政。接下来的三年高中生活,恐怕大家都一样:每天的活动除了吃饭,适量的运动,间或的聊天,就只剩下拼命地学习。期间与其说对以后职业的讨论,不如说是对怎样考试得高分的关注。

　　就这样到了高考,接下来的志愿填报使我又一次进一步思考"自己想干什么"的问题,也是更进一步密切接触"职业"二字。当时的首选是经济金融类行业,因为,首先,受家庭影响从一开始还算挺有兴趣,平时还算会主动关注这方面的东西;其次,当时的社会环境,该行业尚属热门。于是志愿填了湖南大学,但因差 3 分被调剂到潍坊医学院,学起了卫生事业管理专业。刚开始就挺郁闷的,虽说自己对学校开设的医学方面的课程挺感兴趣,也努力去掌握,但至于说以后以此为行业、饭碗的想法倒没有过。主要原因是个人对学业的想法以及处于今后更好就业的考虑,大学很早就朦胧中有了考研的打算。于是又一路考来,直至今天的法律硕士专业……

也就是这时才客观具体地想到了自己的职业规划。由于当时对考研的目的就有些认识不清,更多的是把它作为了一个跳板,一个继续深造的机会,一个同时提高学历层次以利于更好就业的捷径。至于后来最终选择法律作为自己的研究生方向,对自己是不是适合学法律,希望以后具体做怎样的法律人是不曾深入考虑清楚的。当时跨专业到法律行,原因也可以说是"别无选择"。因为自己对本专业那种纯技术性理工性东西确实不太感兴趣(觉得医疗知识也就是了解一些,多少能使个人、家庭受益罢了)。感觉还是比较喜欢参与社会性、人文性工作。加之既然要考最基本目标当然是一定要考上,因为从刚入大学时起朦朦胧胧的读研打算,到大三对研究生考试的全力以赴,可以说大学四年毕业后直接工作想法是不曾有过的。所以最终选择法律硕士可以说是只能这样,别无选择。(注:按照国家对报考法律硕士专业考生的要求是本科必须为非法律专业。这无疑意味着,所有跨专业考生都是平等的)

最终也如愿以偿跨过了考研槛,进了法律门。转眼间,法律硕士的学习也已两个多月了。课堂上老师侃侃而谈:作为一名法官,你该……,作为一个检察官你该……,作为一名律师你该……课下同学们陆陆续续交流:现在的国家法律体系……现在的律师行业……每每听到这些我也会问自己:自己以后想干什么?但答案每次都是:我不会去从事法律工作的。原因是:①个人总觉得自己不太擅长逻辑思维,对能否学好法律不敢肯定说什么。虽然自己一直还算爱学习,研究生考试两门法律专业课也还算令人满意;②性格原因不太愿与人争辩,而更喜欢做一些幕后调查研究性工作(这里主要指一些参与群众的社会性调查或对一些社会现象的分析)。

也许说到这,有些人会说:也好,正好适应法律硕士的培养目标,你可以结合本科专业和现在的法律知识,从事一些像公司、医院等相关行业的法律咨询工作,不一定非做出庭律师呀!是啊!我也认真考虑过,但又真的是怀疑自己的能力:就凭这点法律知识能在一个单位独当一面吗(注:本人虽然对领导当官不太感冒,但一直对人对事要求都挺高的,甚至有些完美主义)?因为观念中总认为要干就该干得最好。当然也知道期间的努力是很关键,但感觉个人是不是适合也挺重要的,要做好一件事还是应多少有些天分的。

所以，就想到了以后报考国家公务员。但又觉得这样一来4年的医学、3年的法律，就好像全无用武之地。当然我可以尝试努力挤进卫生检疫或海关检验部门，那样的话也算学有所用，但这些部门哪是说进就能进得了的呢！也许有人又说大学、研究生阶段的学习其实最关键的只是教会你一个将来如何自己学习的方法而已。但个人如果真的抛弃七年的具体所学还是挺可惜的，甚至是一笔很大的损失。再说了公务员意味着从政，个人对这方面的发展也不太有把握。又考虑到自己向来好像更喜欢经济，此点由高考时的志愿选择作证。

所以虽然一直对一些社会现象比较关注，也喜欢主动去思考"是什么"背后的"为什么"、"怎么样"，而且似乎觉得对政治慢慢地开始产生了所谓的感觉。且最重要的是随着年龄的增长，尤其对女孩子而言，似乎变得不太愿意去承受太大的风险，有时候甚至对自己的人生定位都开始改变——不再有小时候或者前些年那么"血气方刚"的味道！对于自己以后的事业打算似乎仅限于：能够自食其力，实现所谓的"经济独立"就好了。对于说的"抛头露面""出人头地"诸如此类号召大家的工作和对别人的事，没有多少兴趣。

总之，回头细细想来觉得自己现在职业规划的矛盾、迷茫，究其原因，主要有二。首先，读书、中考、高考、考研，与其说是自己的选择，不如说是受社会大潮的驱赶不得不作为而已；其次，与年龄、经历相关的性格上的变化（从过去的敢冒风险到现在的求安、求稳）应该是造成今天职业思路混乱的始作俑者。平时也曾跟人讨论过，但始终都没有破开矛盾，理清思绪。于是每次讨论来讨论去，其结果只有一个：唉！还是先埋头把目前的专业学好，课余时间多涉猎一些其他方面的东西，多实践一些……走一步，看一步吧！

是啊！"走一步，看一步"，但谁都知道"地冻三尺非一日之寒"，没有平时有针对性的知识累积，怎能保证将来不会出现"书到用时方恨少"的尴尬呢？

[王老师点评]

其实你以后可以从事的职业范围是很宽广的：可以考公务员进入政府机关工作；可以进入专业的社会调查机构做调查研究工作（例如，"零点公司"就是目前中国最有名的专业调查公司，同时为政府和企业提供社会调查服务，这样的机构其实还远远数量不够，现有的专业水平也还没有达到一个非常高的水平，这就为后进入者提供了一个机会）；可以到一些高校做教师（因为你说自己一直对一些社会现象比较关注，也喜欢主动去思考"是什么"背后的"为什么"、"怎么样"，而且似乎觉得对政治慢慢地开始产生了所谓的感觉，那就可以申请去一些大学的政府管理学院、公共管理学院从事这方面的研究教学。当然如果做老师的话你最好继续读一个博士,好在现在读博士比以前而言也容易多了)。这三条路都属于比较稳定的,应没有太大的职业风险。但都需要你除了学习本专业的法律知识外,广泛涉猎其他相关领域的知识,如社会学、政治学、行政管理学、心理学、人力资源管理等。

假如你给自己定的目标再高一点的话,我建议你可以考虑硕士毕业以后申请出国读一个政治学的博士或社会学的博士。接受一下系统的学术训练,这对于你以后的职业生涯发展会非常有利。要达到这个目标,需要你现在在英语上多下工夫,同时开始写一些文章、调查报告,最好在专业刊物上发表并自己翻译成英文,以后联系出国的时候非常有用。国外大学的教授看你已经具备了一定的研究功底,就比较容易给你提供奖学金。

[未来 HR 经理的点评]

你的这个迷茫期我也曾经历过,就是渴望安稳舒适的工作和生活,但是对自己所学到将来的应用没有太足的信心,而且如你所说这 7 年学医学和法律,像鸡肋弃之可惜食之无味,隐隐觉得自己如果当年能如愿学了金融就好了,但你对金融又了解多少呢? 可能只是个名词和泛泛的概念,又有点围城的味道。其实还是对自己的优势没有把握,现在的你有点逆来顺受,并不是很积极地对自己定位,对什么都是好像有兴趣但又不够吸引你,于是觉得前途茫茫。其实趁着现在在学校空闲时间较多,应该很积极地去寻找自己的"兴趣",例如金融,实际去尝试一下,看看对哪方面自己会特别的投入,而且做起来得心应手。那时你就会有比较明朗的前途规划了。

对于王老师的点评,我也很同意,你的就业面确实很广,但是为什么你还会迷茫呢,我觉得归根结底还是你不清楚自己到底喜欢什么、擅长什么。

第 7 章

底薪 3000 即可

E 生

7.1 自我认识

充分、正确、深刻地认识自身条件与相关环境,以此作为设定职业生涯目标及策略的基础。

7.1.1 人格

人格(personality)源于拉丁语 Persona,也称为个性。心理学中,人格指一个人在一定情况下所做行为反应的特质,即人们在生活、工作中独特的行为表现,包括思考方式、决策方式等。MBTI 的人格类型分为 4 个维度,每个维度有两个方向,共计 8 个方面,即共有 8 种人格特点,具体如下。

(1) 我们与世界的相互作用方式:　　　(E)外向————内向(I)

(2) 我们获取信息的主要方式:　　　　(S)感觉————直觉(N)

(3) 我们的决策方式:　　　　　　　　(T)思考————情感(F)

(4) 我们的做事方式:　　　　　　　　(J)判断————知觉(P)

在以上 4 个维度上,每个人都会有自己天生就具有的倾向性,也就是说,处在两个方向分界点的这边或那边。在现实生活中,每个维度的两个方面人们都会用到,只是其中的一个方面你用得更频繁、更舒适。同样,在 4 个维度上用得最频繁、最熟练的那种方式就是测试者在这个维度上的偏好,而这 4 个偏好加以组合,就形成了人格类型,它反映了测试者在一系列心理过程和行为方式上的特点。

将人们在 4 个维度上的偏好加以组合,一共可以组成 $2\times2\times2\times2=16$ 种人格类型。我的测试结果为 ENTJ,在各个维度上的偏好清晰度如图 7-1 所示,它反映了我在每个维度的两个偏好上原始得分的差值大小。

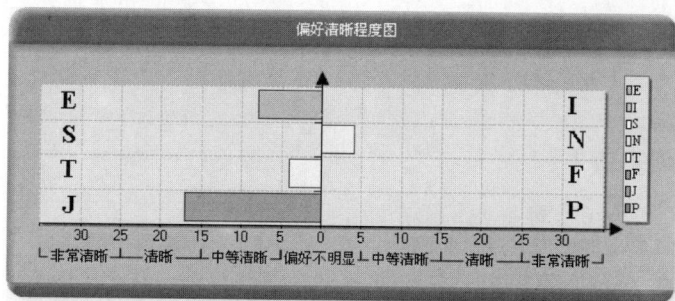

图 7-1　人格测试结果

经过测试,我的类型为 ENTJ(分值分别如下:外向——8;直觉——4;思考——4;判断——17)。

1. 单项测试结果

(1)与世界的相互作用方式为中等清晰的外向型。可以关注自己如何影响外部环境,将心理能量和注意力聚集于外部世界和与他人的交往(聚会、讨论、聊天)上。

(2)获取信息的主要方式为微弱的直觉型。关注事物的整体和发展变化趋势,侧重灵感、预测、暗示,重视推理。重视想象力和独创力,喜欢学习新技能,但容易厌倦,喜欢使用比喻,跳跃性地展现事实。

(3)决策方式为微弱的思考型。重视事物之间的逻辑关系,喜欢通过客观分析做决定评价,认为理智、客观、公正比坦率更重要。

(4)做事方式为典型的判断型。喜欢做计划和决定,愿意进行管理和控制,希望生活井然有序,重视结果(重点在于完成任务)、按部就班、有条理、尊重时间期限、喜欢做决定。

2. 单项自我评定

以上测试结果基本与我的性格比较接近,由于从小受到感性、理性两种截然不同的教育影响,我的性格特点呈现出典型的在感觉与直觉、思考与情感之间以判断为基础进行动态平衡。即时而呈现出关注细节、喜欢描述、喜欢使用和琢磨已知的技能的特性,时而又重视想象力和独创力,喜欢学习新技能,但容易厌倦,喜欢使用比喻,跳跃性地展现事实,以达到以现有的技能通过独立创新获得新的知识。在决策时,既希望理智、客观、公正地做出决定,但同时希望自己有同情心、善良、和睦、善解人意,考虑行为对他人情感的影响,以求决策的客观性和人性化。所以在上述两方面测试结果体现为微弱的直觉型和微弱的思考型。其他两方面基本符合测试结果。

3. 综合评定结果

ENTJ——"组织管理者"基本描述如下。

1)优点

(1)直率、果断,能够妥善解决组织的问题,是天生的领导者和组织的创建者。擅长发现一切事物的可能性并很愿意指导他人实现梦想,是思想家和长远规划者。

(2)逻辑性强,善于分析,能很快地在头脑里形成概念和理论,并能把可能性变成计划。树立自己的标准并一定要将这些标准强加于他人。你看重智力和能力,讨厌低效率,如果形势需要,可以非常强硬。你习惯用批判的眼光看待事物,随时可以发现不合逻辑和效率低的程序并强烈渴望修正它们。

(3)善于系统、全局地分析和解决各种错综复杂的问题,为了达到目的,会采取积极行动,你喜欢研究复杂的理论问题,通过分析事情的各种可能性,事先考虑周到,预见问题,制订全盘计划和制度并安排好人和物的来源,推动变革和创新。

(4)愿意接受挑战,并希望其他人能够像自己一样投入,对常规活动不感兴趣。长于需要论据和机智的谈吐的事情,如公开演讲之类。

2)可能的盲点

(1)经常在没有了解细节和形势之前就草率地做决定。

(2)总是很客观、带有批判性地对待生活,容易对别人的情况和需要表现得较粗心、直率、无耐心。建议你注意倾听周围人的心声,并对别人的贡献表示赞赏。你需要学会在实施自己的计划之前听取别人的建议,以免独断专横。

(3)你考虑问题非常理智,很少受无关因素影响。你没有时间和兴趣去体会情感,容易忽略他人的感受,显得不近人情。但当你的感情被忽视或没有表达出来的时候,你会非常敏感。你需要给自己一点儿时间来了解自己的真实感情,学会正确地释放自己的情感,而不是爆发,并获得自己期望和为之努力的地位。

(4)你容易夸大自己的经验、能力。你需要接受他人实际而有价值的协助,才能更好地提高能力并获得成功。

4. 自我综合评定

四项优点基本上比较符合,可能个别地方上程度方面略有出入。

四项盲点说明如下。

（1）经常在没有了解细节和形势之前就草率地做决定。

个人认为：我是做出决定不达目的不罢休的人。而且前面说过是希望能够通过理性、感性分析来达到全面看问题目的，所以目前认为自己还是一个在仔细了解细节和形势后行动的人。

（2）总是很客观、带有批判性地对待生活，容易对别人的情况和需要表现得较粗心、直率、无耐心。建议你注意倾听周围人的心声，并对别人的贡献表示赞赏。你需要学会在实施自己的计划之前听取别人的建议，以免独断专横。

个人认为：总是很客观、带有批判性地对待生活，容易对别人的情况和需要表现得较粗心、直率、无耐心。这条完全符合，基本上与水平很差的同学合作会显得很没有耐心，但是还不会到达独断专横的程度。

（3）、（4）点基本上符合，特别是第（4）点一直是我所注意并致力提高的一点。

7.1.2　动力影响

根据动力人格理论，人格是指人的外在表现，所呈现出来与众不同的做事方式、决策方式等。而在这些方式背后，有一种内在的驱动力，促使人格的表现，即动力。

一个人的动力特点是由遗传、家庭环境、成长经历等因素长期作用形成的，所以不要期望改变他人或自己的动力，相反，理解并按照动力特点去工作、学习，将得到更大的满足，生活将更快乐，更丰富多彩。

动力这里指动机、驱动力，是为实现一定的目的，激励人们行动的内在原因。动力能够引起人们的行动，维持这种行动朝向一定目标，并且强化人们的行动，是人们活动的推动者。

1. 动力的划分

（1）影响愿望：人们希望影响、控制他人的行为、情绪的倾向，愿意引导或说服他人走同一条路，或按照自己的想法行事的动力。

（2）成功愿望：面对工作，人们的积极主动性和心态，包括做事的持久性、意志力、自信心、追求卓越的程度等。

（3）挫折承受：在现在或将来可能遇到的挫折、困难和失败面前的心态、情绪反应以及特定的行为方式。

（4）人际交往：在生活和工作中对人际关系的关注程度、与他人建立并保持良好关系的愿望和技巧。

2. 测试结果及个人评定：

（说明：75 分以上为高分，25 分以下为低分）

1）影响愿望（77 分）

高分特征如下。

（1）愿意主动影响、控制或引导他人。

（2）愿意干预他人的情绪、做事方式、进度，期望结果可控。

（3）希望处于那些能够表现个人影响力的职位上。

（4）非常在意自己行为的影响力和在他人心目中的位置。

个人认为：经过与其他测试者的比较并结合实际认为此项成绩可能比真实情况得分偏低。

2）成功愿望（92 分）

高分特征如下。

（1）做事主动、意志坚强，不达目的不罢休。

（2）对自己有较高的期望值，重大局，不贪小利，较少感情用事。

（3）有较强的责任心。

（4）做事有较强的目标方向性。

个人认为：此项成绩基本符合真实水平。

3）挫折承受（95 分）

高分特征如下。

（1）意志顽强，在逆境中不失斗志。

（2）在新的或不确定的情境下敢于探索，不惧怕失败。

（3）对情绪能进行很好的自我调节。

个人认为：此项成绩可能略有偏高。

4）人际交往（98 分）

高分特征如下。

（1）愿意在人际关系上投入时间和精力。

（2）能够获得广泛的人际支持。

（3）具有良好的人际交往技巧。

个人认为：此项成绩基本符合真实水平。

3. 动力类型图

各个维度上的心理动力特点相结合，构成了一个人稳定的心理动力模式。基于我们的理论,这种心理动力模式从两个方面反映出来:一方面,它反映为人们设置目标,并且努力推动目标的实现;另一方面,它反映为人们在前进过程中,克服压力与困难。

我的类型为:主宰型和开拓型。

(1)主宰型。自我实现的意愿高,希望在人群中出人头地并且发挥重要作用。既关注个人成就,也希望通过影响和带动他人达到组织目标。

(2)开拓型。乐于接受挑战、承担风险,在困难和挫折面前不轻易后退,意志顽强。

7.1.3　工作中的优势

对于不同的人格类型和不同的动力等级而言,没有"好"与"坏"之分,每一个人都是一个独一无二的个体,都有其特别的优势和劣势,但问题的关键在于如何认识这些优势和劣势。

1. 测试结果

我在平时学习工作中有可能体现的优势如下。

(1)自信且有天生的领导才能。

(2)敢于采取大胆行动,有不达目的不罢休的势头。

(3)能看到事情的可能发展情况及其潜在的含义。

(4)有创造性解决问题的能力,能客观地审查问题。

(5)有追求成功的干劲和雄心,能够时刻牢记长期和短期目标。

(6)对于在工作中胜任有强烈的动机,能逻辑地、分析地做出决定。

(7)能创造方法体系和模式来达到你的目标。

(8)擅长于从事技术性工作,学习新东西时接受能力强。

(9)在有机会晋升到最高职位的机构中工作出色。

(10)雄心勃勃,工作勤奋,诚实而直率,工作原则强。

(11)有雄心和志向,魄力强。

(12)敢打敢拼,富有开拓精神。

2. 自我分析

第(5)条,虽然能够时刻牢记长期目标,但是不能时刻牢记短期目标,需要以后改进。

第(8)条,对于技术性工作的定义不是很清晰,不过个人认为并不是特别喜欢。

第(11)条,个人认为魄力一般。

7.1.4 工作中的劣势

1. 测试结果

下面列出了我在工作中可能存在的缺点,这些缺点有的比较明显,有的并不明显,有些是天生的,而有些是长时间形成的,因此不可能在一两天内改变,知道存在的问题就是改变提高中很重要的一步。

我在平时学习工作中有可能体现的劣势如下。

(1) 对那些反应不如你敏捷的人缺乏耐心。

(2) 唐突、不机智、缺乏交际手段。

(3) 易于仓促做决定。

(4) 对一些世俗的小事没有兴趣,对那些既定问题不愿再审查。

(5) 不愿花时间适当地欣赏、夸奖同事或别人。

(6) 易于过分强调工作,从而忽略了家庭的和谐。

(7) 爱发号施令、挑剔、严厉。

(8) 工作至上而忽视其他方面。

(9) 可能因急于做出决定而忽视有关的事实和重要细节。

(10) 可能不要求或不允许别人提供建议和帮助。

(11) 有时表现得过于强势,让人难以接受。

(12) 有时表现得莽撞,不计后果。

2. 自我分析

第(2)条,与人际交往 98 分自相矛盾,本人认为这条结论完全错误,该测试系统此部分需要改善。

第(3)、(9)、(12)条,基本不存在这样的情况。

第(5)条,以前有这个劣势,现在通过改正和重视已经不存在了。

第(10)条,与事实不太符合。

其余的劣势已经存在或可能存在,在今后的工作中需要注意。

7.2　确立目标

树立确定目标,可以成为追求成就的推动力,有助于排除不必要的犹豫,一心一意致力于目标的实现。

7.2.1　适合的岗位特质

根据前面的自我测试,依据我的性格特点,发现适合我的工作特性如下。

(1) 有组织、有条理的工作环境,在清晰而明确的指导原则下与他人一起工作。

(2) 充满挑战和竞争的氛围,创造性处理复杂而且难度较大的问题,提出合乎逻辑的解决办法。

(3) 领导、管理、组织和完善一个机构的运行体系,确保有效运转并达到计划目标。

(4) 能够提高并展示个人能力,能够不断得到提升,有机会接触到各种各样有能力而且有权力的人。

(5) 成果能够得到他人肯定,并得到合理的回报。

(6) 能够确立工作目标,并施展组织才能,管理监督他人,而不需要处理人际冲突。

7.2.2　具体适合职业类型

(1) 商业和金融领域的适用范围比较广,担任有权威、有控制力且能管理他人的工作。同样,在金融领域喜欢赚钱,喜欢竞争。例如,管理顾问、经济学者、银行业、金融规划师、人力资源、项目经理、股票经纪人、风险投资、营销、采购人员等。

(2) 咨询业的多样性和独立性也非常吸引我,与不同商业背景的人打交道,付出获得回报,会满足企业家精神。例如,教育顾问、培训师、职业发展顾问、战略顾问等。

(3) 对某些职业所提供的社会地位和影响力也是很感兴趣的,这些职位上所面临的智力挑战有着极大的吸引力。例如,律师、法官、心理学者、飞行员、工程师等。

(4) 许多与计算机相关的职业,理解并处理复杂问题,有较强的逻辑思维能力、优秀的组织技能等。例如,网络主管、系统主管、系统分析家、项目经理等。

7.2.3 结合本专业的特点具体选定目标岗位

我大学毕业于清华大学环境工程专业,现在也是在环境工程专业攻读硕士学位。环境工程这个专业在国内是新兴行业,正处于蓬勃的发展阶段,目前最大的问题是国际上先进技术比较成熟,但是受到国内经济发展的制约使得先进的技术难以得到广泛应用,国内总体技术水平比较落后,主要科研方向为一些现行技术的改进更具有经济性。但是,随着大中城市经济水平的不断提高,环境产业将会出现以大城市为中心辐射发展,部分大城市的环境产业加速追赶发达国家的新的大发展形势。

通过大四时期本班其他同学找工作的经验及总结,环境专业的就业方向主要如下。

(1)各级市政设计院。工作比较单调,收入比较低但是很稳定,收入有保证,继续学习深造的机会不大,对于业务水平的提高不十分理想,从长远角度看这个职位社会竞争力不强,不适合长远发展。主要为环境专业本科生的选择,本系 80% 从事环境专业的本科生都选择了设计院。

(2)企业。北京的环保企业目前的规模相对较小但是数量很多,主要从事一些环保器材的销售,因为技术含量不高,所以竞争还是很激烈的。根据前几年毕业在企业工作的师兄的介绍,北京大部分环保企业的创始人或是高层基本上都是清华大学环境系的师兄或师姐,所以如果进环保公司会比较容易,但是对于现在这个竞争时期,企业的发展前景并不是十分明朗,选择这条道路机遇与挑战并存。

(3)政府部门。主要是环保局、规划局。工作强度相对较小,收入稳定,福利好。

根据职业测试的指导,加上我的自我特点分析和爱好取向,我认为我不适合从事设计院的工作,对于企业工作而言,我认为需要一定实践后才可以知道,对于去政府部门工作,清华大学环境系也是有很多成功的例子可以借鉴的。

7.3 职业规划

7.3.1 短期规划(读研的 2 年)

目前作为一名研究生,主要任务是学习。一方面是在导师的引导下充分利用清华大学的各种资源来充实自己,提高业务水平,为进企业工作打好基础;另一方面,要为走入社会积累一定的社会经验,建立和完善自己的人际关系网。下面根据学习所在地不同具体分 3 部分介绍。

研一深圳学习阶段(2004.9—2005.1):学习基础知识并初步进入课题研究阶段。主要任务是完成基础课程的学习,为今后的课题打下良好的知识基础。这个阶段主要任务是学习,但鉴于深研院规模小,人与人天然的归属感,很容易认识很多人并保持良好的人际关系,所以在保证学习的基础上也要注意扩充自己的交际面。

研一本部学习阶段(2005.2—2005.7):完成剩余基础课程的学习,准备开题。因为研究生的培养计划改为两年,所以下半学期的学习会比较紧张。但是由于本科四年都在清华大学学习,已经有了一个良好的社交基础,只要注意保持就可以了。

研二阶段(2005.8—2006.7):完成研究生阶段的学业,同时为就业打好基础。这段时期是研究生学习的真正阶段,要在导师的指导下独立完成研究工作。同时,也要考虑具体的就业去向,综合考虑自己的特点及可以调动的一切因素分析,选择适合自己的职业。

穿插在学期中的假期,也要充分利用,我已经联系了一家比较大的公司做实习生,希望借此机会增加社会经验,提高自己的工作能力,深刻认识企业的工作机制和特点,以便确定自己是否适合在企业工作。同时,为了择业面更广,应该在研究生学习阶段通过公务员的考试。

7.3.2　中期规划(2～5年)

在短期目标已经确定择业方向的基础上,这 3 年的时间主要是完成从学习状态到工作状态转变的时候,主要需要注意本科生需要在工作中注意的事项,并培养良好的工作习惯,熟悉岗位特性和公司的文化,争取在 1 年半的时候得到一定的深造学习的机会并以此为判断择业选择是否正确。具体来说,在这段时期,应该虚心学习,观察并学习前辈的工作方法,以用来改进自己的工作方式,这时候作为一名新人,一定要有魄力,虽然犯错误是不被允许的,但是开始的时候若是没有很突出的表现,就会很难被重视到,后期努力也将变得更艰辛,工作走向也会趋于平庸。

7.3.3　长期规划(5～10年)

通过前面 5 年的打拼,我应该具有相当的业务功底了,这时候需要完成从纯技术性的工作向管理工作或是顾问型工作的转型。

由上面的自我测评可知,我的特长是系统性地思考问题,有控制力且能管理他人,具有冒险性,这种能力决定了我更加适合从事管理或是顾问工作,只有在这个职位上才能最大限度地发挥我的潜力。当然这个转型时期也不能操之过急,需要逐步抓住身边的机会,不能一蹴而就,否则将会适得其反。

7.4 目标分析

7.4.1 职业目标与人生目标的统一

我的人生目标是希望为环境事业做出自己的贡献。我国近年来以牺牲环境的代价高速地发展着经济。作为一个从小生在北京长在北京的人,我深刻地感受到了北京环境的变化,同时,我也深刻地感受到了要是从根本上改善中国的环境,只有得到政府的支持,因此,我的人生目标是能成为公务员,使中国政府真正从可持续的角度看待发展并制订发展计划。

7.4.2 职业取向

我的外向型性格特点使我能很轻松地与他人打交道,并且从小生长的家庭环境使我对政府部门的运作比较清楚,这些特点都使我很适合公务员这个职业。

7.4.3 具体要求

工作地点:如前所言,环保事业将会出现一个城市带动地方辐射型的发展,加上北京作为首都有其不可比拟的优点,而且我本人为北京人,且 2008 年奥运会对环境事业的发展无疑起到了很大的推动左右,因此对于我而言北京绝对是第一的、最好的选择。

薪水及待遇问题:当今社会,薪资已经不是择业的主要决定因素。因此,我认为底薪只要在 3000 元/月就可以了,用于维持基本生活。

7.5 结束语

职业规划不是时间表的简单罗列,也不是对未来的机械设计,它是对自己负责的一种表现。一个人一生最重要的不过是那么几步。成功不仅靠机遇、靠天赋,还需要后天的努力。任何职业都不是设计的,而是通过我们的一双手创造的,我们要创造自己的未来,同时也要立志创造一个时代。

[王老师点评]

　　你对自己在工作生活中的劣势分析比较属实,而且工作的着眼点也不错,环境问题已经不是一个省、一个国家的问题了,而是个长期的世界性的问题,再加上北京2008 年奥运会,正是你们这批硕士研究生毕业后参加工作的第2 年,就一个工作来讲,正是出成绩与否的关键时期。因此你的规划还是算比较成功,在你比较熟悉的地域环境,比较熟悉的语言环境,在政府部门从事自己的专业研究,还是很适合自己的。

　　不过根据我对你的了解,感觉你的性格过于外向一些,这在美国社会是一个非常受欢迎的个性,而在中国,中庸一些则比较好,也即把握好"度"。特别是你的职业目标想做政府公务员,这个职业需要沉稳、含蓄、内敛、韬光养晦、厚积薄发,最后的成功者都是属于那些最能沉住气的人。

　　所以,既然你选择了做公务员的职业道路,就需要学习一点中国古人的政治智慧。有时间的话不妨看看曾国藩的日记和家书,他可是毛主席和蒋介石都推崇的政治人物,连现在的不少企业家都在学习他的修身养性之道。虽然他的那些东西有很多糟粕,但还是有很多可以学习、借鉴的东西。特别是他的沉稳、含蓄、内敛、韬光养晦,一直是中国人所喜欢的性格,特别是官场喜欢的性格。

　　你现在的性格属于苏东坡式的性格,可是苏东坡的官运不好,一生被贬来贬去,所以留下很多著名诗词。假如他官场事业得意,哪里会有这么多时间写词? 只有不得意的人才有这样多闲工夫。

　　不过事物发展都是符合辩证法的,官场得意的很多人,已经被历史忘却。官场不得意的苏东坡却将永远记载在百姓心中,名垂青史。这就需要你抉择:是选择身前得意还是身后得意? 这就决定于你的价值观了。想身前身后都得意,难! 克林顿可能属于身前身后都得意的人,但他所生活的环境是在美国,而你毕竟是在中国,还是需要考虑中国的国情,办事情要从中国的特色出发。

第8章

国际一流的材料科学家

李宝文

8.1 个人情况

我的个人简历如下。

姓名：李宝文。

性别：男。

出生年月：1980 年 1 月。

现在情况：就读于清华大学材料系，师从南策文教授。

文化教育经历：如表 8.1 所示。

表 8.1 文化教育经历

时 间	就读学校	地 点	选修课程	附 注
1996.09—1999.07	湖北省汉川市第三中学	湖北省汉川市分水镇	主修理科，学习应试类课程（语文、数学、英语、物理、化学）	会考全部通过，获得高中毕业证，高考全校第二名
1999.09—2003.07	武汉理工大学	武汉市	主修材料科学与工程专业	顺利毕业，同时在老师的公司工作三月，2003 年 10 月复习考研

8.2 个人评估

最愉快的阶段是高中阶段，自己终于到了一个自己比较满意的高度，学习起来比较有成就感（现在看来那时也是为学习牺牲了其他很多东西，好像就没有什么个人爱好，不过对于一个农村的孩子来说，为了改变自己的命运，学好那 5 门课就是最重要的。以前所失去的东西，只有在以后来慢慢培养和弥补了）。

比较痛苦的阶段是高中二年级,发觉学习起来力不从心,压力比较大,受环境影响比较大,总是达不到自己的要求,现在看来那是一个由量变到质变的过程,还好自己挺过来了。大一期间有点迷失自我,还没有从高中生活中转换过来,也许是从农村中来的大部分同学都要经历的,还好一年后就适应过来。

大二就是一个主动去适应的阶段,做过兼职——家教,收获最大的是觉得自己比较适合做老师,上讲台更适合自己。

从大三开始自己对专业有了更进一步的认识,虽然材料方向比较基础,但是与其他学科交叉性很强,是其他学科发展的基础,有很大的应用开发前景。同时国内材料方面的研究与国外有较大的差距,赶超国际一流水平需要我们这一代人的努力。

个人对成功的看法:成功就是能把自己所热爱的事业做好,做到能让自己满意,不至于回想起来有太多的遗憾。成功的意义应该是发挥自己的特长,尽最大努力之后所收获到的一种成就感,而不是为了虚荣或金钱。如果有虚荣的话也是别人对自己的肯定所带来的满足感,也许别人对自己的肯定能给自己更大的动力。

大学四年的生活将会潜移默化地影响我一生,进入清华大学将会是人生新的起点,我也希望在清华大学找到更大的属于自己的舞台。

8.3　对自己进行职业相关的测评

对自己进行相关的测评结果如下。

(1) 职业价值取向如下。

① 科学型:非常爱学习,接受新事物、新观点,工作中注意培养自己、锻炼自己、追求进步,对自己的现状不满足,不断追求新知识。

② 社会型:能坚持正义,讲究同事之间的真诚对待,为人诚实可信,能平等待人,不欺弱媚上,不卑不亢,与同事相处融洽和谐,民主开放,重义轻利,讲义气。

③ 信仰型:相信认识应有远大的理想,为理想奋斗才是神圣不可侵犯的,经济活动比较庸俗。经常考虑人生的意义,对自己和他人的要求理想化。不追求物质享受,为追求理想而甘愿过苦行僧式的生活。

(2) 职业兴趣测试:社会型、研究型、企业型。

(3) 成就动机测验:成就动机强。

个人最大的特点就是有了成就感后会更加勤奋刻苦,力争做到最好。能够承受失败和打击,失败会让我更勤奋,挫折会更让我坚强。同时具有强烈的竞争意识。

8.4　未来的发展

理想职业排序：研究员、人民教师、工程师。

职业目标：争做一流的科学家。

职业生涯发展规划表如表 8.2 所示。

表 8.2　职业生涯发展规划表

时　间	阶　段	目　标
2004—2007 年	硕士期间	精通英语，扎扎实实地掌握基本理论、基本实验技术为以后学习打下坚实基础，在核心期刊上（如 SCI）至少发表 3 篇论文。在科研梯队中培养团队协作能力，同时培养自己独立的科研能力
2007—2010 年	博士期间	再掌握一门外语，同时具备独立的科研能力，在核心期刊上至少发表 6 篇文章。力争做出原创性的科研成果，具备求真务实的精神！争取到一流的企业中去做研究，进行交叉学科方面的研究。同时多参加国际学术交流会议
2010—2020 年	到国外一流的实验室、大学和企业做博士后研究	了解国际前沿的研究方向，包括学习一些研究思路、方法。同时具有讲授几门专业核心课程的能力。逐步成长为合格的青年科研工作者
2020—2030 年	回到国内	到最适合自己的地方，最大化地实现自己的个人价值（把工作做到自己满意，有个人事业，有成就感）和社会价值（为国家做出最大的贡献），建立自己的科研梯队，同时为学生讲课，将自己的知识和经验传授给学生
2030 年以后		使自己的研究领域达到世界一流水平，同时成为国际材料及相关领域一流科学家。做到科研成果向实际生产转化

以上的阶段目标是自己力争做到，甚至要做得更好的。个人认为能进入清华大学学习就说明自己现在还是有一定的竞争力的，同时现阶段也确实感觉压力比较大，高手如云，这也正是一个锻炼自己的好机会，在好的氛围中学习才更有动力，对自己的帮助也会越大。可以随时树立自己的偶像，同时超越他。做学问也像爬楼梯，是一个不断向上的过程，能在好的氛围中不断向上，我想离自己的目标也就不会远了，所以我认为以上的规划具有可行性，虽然具体的过程会很艰难，毕竟没有人会随便成功。

8.5 发展行动计划

具体的发展行动计划是最关键点,给自己最大的鼓励就是:坚持,坚持,再坚持;忍耐,忍耐,再忍耐,你一定会成功的。

首先要有健康的体魄、饱满的精神,这是最基本的前提条件。以蒋南翔校长所说的"努力做到为国家健康工作 50 年"为自己的努力目标。坚持锻炼身体,多参加各种体育活动。

做学问中按三严来要求自己:严格的训练,严格的组织,严肃的态度。

关键是自己要有良好的心态,实施过程中肯定会受到许多挫折,同时受外界环境影响。但是个人以"淡泊以明志,宁静以致远"为座右铭,积极地去面对一切。

具体的实施过程中,会有一个自己的发展行动日志,随时记载发展行动计划的具体活动安排,所选用的培训方法,如听课、自学、所需日期、开始的时间、取得的成果等。这不仅仅是为了自己,也是为了了解学习、了解行为。同时,隔一段时间写个人的总结报告,随时来评估自己的实际情况。这样奋斗起来会更加实事求是,更容易培养自己的成就感。

备注:Reading makes a knowledgable man and writing an exact man ,现在做出自己的人生职业生涯规划是为了让自己知道该干什么,以此来鞭策自己为之去奋斗终生。以 2004 年研究生开始阶段算为国家工作第一年,等 2054 年自己再回首时希望不要有太多的遗憾。这就是现在给自己做个职业生涯规划的目的。

[王老师点评]

材料专业,这是一门古老又年轻的学科。虽然它作为一门独立的学科发展并没有几十年,但人类发展的历程却是首先以人类对材料的认识与利用为开端的。旧/新石器时代、青铜时代、铁器时代,甚至人类文明都可以用材料来命名,随着新材料的发现与发明,人类会迅速迈向一个新的时代,这将是个永远的主题。新世纪初始就有人提出:信息、能源、材料将是本世纪的热门。特别是随着近代物理的发展,随着知识爆炸,各种科技的多元化、精细化,对新材料各种功能和性能的要求不断提高。到现在人类文明似乎已经到达了一个平台期,要想再有突破就必然要从研究开发具有高性能、优异功能、低成本的材料开始。这是毋庸置疑的,也是各国科学家现在非常感兴趣、非常重视的一个主题。但是就中国和国外的材料发展水平来看,差距还是很大的。因此如果想在这个专业上走得更远,出国深造是必经之路。

　　你的规划非常明确，道路选择也非常正确。特别是你规划中最后提到，将自己的研究转向产业化，个人观点，这是十分必要的，因为不论我们研究什么材料，应用永远是最根本的目的，否则就丧失了这个材料的研究意义。但是就现在的实际情况来看，将有两种意见：一种是致力于纯理论，他们认为产业化就会丧失做学问的端正态度，会变得注重成本不注重根本，这已经是个商人而不是学者了；另一种声音则是新材料的研制就是为了应用，产业化是必需的。

　　做学问是一个比较苦的过程，需要过人的毅力、刻苦，有毅力是你最大的特点，也是一个工科研究的必备条件。我相信，你一定可以取得成功。

第 9 章

个人职业生涯规划

周 晓 艳

　　从小到大我都在不停地被别人问起，以后要干什么？我也在不断地问自己，我以后到底要干什么？小时候对职业的理解十分简单，职业就是工作，长大后当然要做受人尊敬、轻松、体面、挣钱多的工作，比如医生、记者、作家之类。

　　我从小就比较要强，记得因为年纪小，第一批加入少先队的没有我，看着别的同学戴上了鲜艳的红领巾我心里羡慕极了，还因为这件事回家后哭了一场。其实我是很少哭的，不太像个小女孩，倒是有点像男孩子。上小学前，由于舅舅在体育学院工作，知道体院办了一个武术班后就给表哥和我都报了名，于是我每周都有三天晚上去练武术。在武术班中，陆续也有几个女孩子来练过，但是好像都没有坚持多长时间，我是一直坚持到最后的唯一的女孩。虽然教练都很好，但是训练还是比较严格的，中途也有不想练的想法，也装过病，但是还是坚持下来了。也许是练过武术吧，上小学的时候我很少生病，几乎没有因为生病请过假；而且胆子也比较大，曾经在十几米高，可能立足之处只有十厘米宽的墙上走来走去，现在想来还有点后怕；还喜欢和男孩子打架，而且几乎都能打赢，喜欢给被男生欺负的女孩子出头。在学习上我没太让家长操心，成绩属于比较好的，但是不是最好的，而且好像很少考 100 分，每次都是考到 99 分甚至 99.5 分，几乎每次考试都要出点小错误，但是至少每学期都能拿回三好学生的奖状。比起上课的时间来说我更喜欢课间的十分钟，我可以和同学一起跳皮筋，踢毽子，玩石子等游戏，这些差不多都是我的强项，而且男孩子玩的爬杆之类的游戏我也会，可以说小孩们玩的游戏我几乎没有不会的。我小学时最好的朋友是我们班的大队长，她是一个非常聪明、非常有能力的小姑娘，我们几乎形影不离，而且难能可贵的是我们从来没有吵过架，直到现在我们还保持着联系。小学时光是轻松和快乐的，当然也有当时认为很遗憾的事，比如我一直当小队长，当上中队委员是我的理想，甚至央求家长给买个中队长的袖标预备着，等到当上后就不用去买了，当然这个要求没有被满足，愿望到小学毕业也没有实现。

　　由于我们的小学毕业后要升入的初中不是重点，所以我就转到了一所比较好的初中，在初中的同学中很少有我的小学同学。最开始的时候我还因为好朋友都不在一所学校而耿耿于怀，不过很快就交上了新朋友，由于成绩还不错而且我有一个表哥在这所学校当数学老师，他和我的班主任坐对桌，我被任命为学习委员，而且班主任对我比较照顾。初中三年我的学习成绩都不错，兼任语文课代表（还利用早上领大家早读的机会让喜欢捣乱的同学单独读课文出他们的丑），三好生、优秀班干部等荣誉称号也得了不少，唯一学的不好的课程就是英语，到现在我还认为当时的英语老师是误人子弟。初中是第一批入的共青团，也算是对没有第一批入少先队的弥补吧，还任团的宣传委员。初中有5个比较好的朋友，有的是因为有共同的爱好，我就是从初中开始喜欢上足球的，可以说是甲A联赛的第一批拥护者和当时泰山队的忠实粉丝，和她们在一起时经常讨论比赛踢得怎样、喜欢哪个球员等；有的是性格互补，我比较开朗、直爽，我的朋友中有比较温柔的，我们相处得都不错。

　　初中毕业后我考上了济南市第一中学，这是全市三所重点之一，但是只能排名第三，当时英语如果再好一点肯定会考上更好的学校。高中一进学校就分文理班，虽然我的文科成绩一向不错，但是一想到要整天和一帮叽叽喳喳的女生在一起，我就选择了学理科，还有一点是因为虽然理科成绩不如文科，但是对理科还是挺感兴趣的。刚进入高中时学习成绩一般，但是还是比较活跃的，先后任过文艺委员和体育委员。在高中我的学习成绩是一路上升的，而且是越到大的考试考得越好，越小的考试越考不好，曾经最差的一次考试考过13分，是一次数学的小考，主要是考三角函数的，我好像是记错了公式，和别人做的不一样又不愿意相信别人对自己错，所以考出来一个惊人的分数。高二以后的班主任是教语文的，我语文成绩从小就不错，班主任比较重视我，经常教导我甚至和家长的联系也比较密切，一方面是因为认为我还属于可造之才，一方面是当时我学习还是不用功。不喜欢的课上看看小说，或者和别人换座坐到后排说话，还因为经常说话，所以每次调座班主任都给我换同位，我几乎是班上换同位最勤的一个。在上高中之前没有真正喜欢过哪个职业，上高中时正好电视上经常演《成长的烦恼》，我就很喜欢那一家的爸爸的职业——心理医生，但这只是最朴素的认识，虽然也想过考上大学后学心理学，因为是学理科的所以也就作罢了。高中有一批铁哥们，既有男生也有女生，他们是我高中最大的收获。

　　考大学可以说是有惊无险，虽然几次模拟考都没有过本科线，但是都在步步逼近，高考时发挥不错，考上了山东建材学院，并上了管理学院的信息管理与信息系统专业。这个专业是比较新、比较杂的专业，学的知识的覆盖面很广，管理学方面、经济学方面、计算机软件方面都有所涉猎，但是广而不专，没有专长。大一生活很简单，几乎是玩过去了，参加了几个社团，包括公关协会、法律协会等，但是不是特别积极，特别爱表现的那一类。记得比较清楚的是在公关协会主办的全校的辩论赛中，我获得了决赛的最佳辩手（每年的全国的大专辩论赛我都看，尤其佩服那些才思敏捷、台风又好的辩手）。还参加过一些社会活动，比如宝洁公司的新品派送，我是这次活动中派送业绩的第一名，而且还赚到了有生以来的"第一桶金"。大一学习成绩一般，拿到三等奖学金，之后连续三年都考第一，拿一等奖学金，被评为三好学生、优秀团员、优秀班干部，并且担任了班级的学习委员。大二和同学合伙做了点小生意，在方便大一新生生活的原则下赚了一点小钱，主要是上门推销一些学习和生活用品。通过这次小小的尝试，我发现就算以后找不到工作，我也有条后路可以退，至少能够养活自己。大学看过李响的《零距离》，之后就非常喜欢体育记者这个职业，但是觉得这又与自己的现状相差太远了（之后才知道，和我们一个专业的一男生真的当了体育记者，而且现在干得很不错）。大三、大四的学习还是比较用功的，一方面要过英语六级，一方面要准备考研，在大三暑假期间还上了微软认证系统工程师的课程，获得了 MCSE 的证书，但是现在想来用处不是太大，当时的决定有点心血来潮了。在同学的邀请下还参加了第二届"挑战杯"全国大学生创业大赛，当时我们小组的创业项目是一个健身系列项目，我主要负责市场开发和市场营销方面，虽然熬了几夜做方案搞得身心疲惫，但是在这次活动中的确学到了很多，最后我们的项目获得了全校的二等奖。大四上半学期就是在紧张的备战考研中度过的，当时考人民大学的法硕，考人民大学一是感觉学校比较强，再者就是学制是两年。考法硕一是对法律比较有兴趣，一是有叔叔当律师，感觉将来以律师为业也是不错的。后来经过一场艰苦的鏖战之后，还是名落孙山了，好多同学因为没考上而号啕大哭，这次考研失利对我的打击也挺大，整个心态降到了最低点，但是我却一滴眼泪也没掉。大学期间爱好很多，体育运动和看电影是最大的爱好。羽毛球、网球最常打，跳绳和跑步也比较多。周末的电影是我的至爱，稍微好点的新品我都要去看，即使是第二天考试以及考研期间我也会去。电影我最喜欢看悬疑推理片，恐怖片也喜欢，但是一直在为恐怖片不恐怖而苦恼，其他喜剧片、唯美的爱情片也还可以。从小到大一直人缘不错，大学也不例外，最好的朋友有三四个。其中挚友有一个，和其他好朋友不同，我们经常吵架但是又会很快和好，简直不像大学生而像幼儿园的，不过直到现在她还是我最好的朋友，应该说是知己。毕业那段时间正好赶上非典，图书馆里每天消毒两次，而且人少，所以没事就泡在图书馆里。遗憾的是电影停放了，娱乐活动就是打牌居多，不管是够级还是保皇，我的牌技都还不错。

毕业后和几个朋友租了学校老师的宿舍，开始了又一次的考研备战，之所以选择再考一次，一是心有不甘，二是家长支持，三是有一帮战友同行。生活紧张而又规律，很少逛街，不多的娱乐是听凤凰台的时势辩论赛，看电影和打球。最后的成绩证明这段时间的努力还是有收获的。

考试结束后我就开始找工作。之前我对工作还有一种恐惧的心理，不知道自己能做什么，正好赶上力诺集团大规模的招聘活动，其中有我的专业很适合的职位，我就寄了简历。但是我没有收到第一轮的面试通知，因为所有职位都要有工作经验，我就在面试那天直接去了面试现场。事前请教了同学，借鉴了她的工作经验，稍做了准备，首轮面试成功过关，但是后怕的是我同学是做人力资源的，而面试我的是集团人力资源中心的主任，我竟然班门弄斧。第二轮面试是人力资源和用人部门的领导（供应管理中心的主任）的联合面试，我也顺利过关，虽然我对供应管理可以说是一窍不通。第三轮面试是见大老板和几个总监，后来才听说每个面试者都是被老板请人相过面的，而且这一轮淘汰了好多人。经过三轮面试，被问过N多问题，跳过N多陷阱后，终于被录用。总结一下面试的经验，首先是要自信，与面试者谈话时要面带微笑，眼睛看着对方，用目光交流，诚挚并且放松，这招好像很管用，三轮面试屡试不爽；其次是机智，面对很难回答的问题以及根本不知道的问题，不要急于回答，也不要硬撑着乱说，可以使用迂回战术，尽力把话题拉回到自己熟悉的话题，当主任问我对供应管理的看法时我就把话题拉回到信息管理上，建议上一套信息系统，再大谈信息系统的好处，用语尽量专业，效果也不错。

工作半年来的经历十分难忘。力诺集团是一家大型的民营企业，下设几个二级集团，涉及玻璃、制药、太阳能、光热光伏、化工涂料、房地产开发、担保投资等多个产业。我所在的部门是集团总部的供应管理中心，这个中心负责整个集团、各二级集团、各分公司的供应管理工作，直接对口部门是各采购部和仓储部。我的职务是信息主管，负责各二级集团、各分公司采购部和仓储部的内部信息以及产业、市场等外部信息的收集、整理、分析、反馈，负责编辑供应系统的内部刊物——《供应管理内参》以及其他办公室事务。由于有一点儿专业基础，对内外部信息这部分工作还比较得心应手，出的几份分析报告也得到主任和主管副总的首肯。相比起枯燥的数字，我更喜欢编辑《供应管理内参》，向下属部门约稿、审稿、修改，自己收集专业文章，封面设计，版面编排，配置插图，打印，装订，发放，接收反馈意见，整个过程都是由我负责。在这半年中，参与准备了两次集团供应系统的部长会议，要考虑方方面面的问题，可以说这两次会议是对我很大的锻炼，记得由我设计的调查问卷被采用并获得主任的赞扬。由于部门工作的性质，经常有到下面分公司调研的机会，通过到河南、天津、东营、商河等分公司调研，接触到很多实际业务，也学到很多坐在办公室学不到的东西,发现了实际业务中存在的问题。由于是刚刚接触供应工作所以每次下去我都会把分公司每一个普通的业务员当作老师,这使我更加熟悉工作,在业务水平上有很大提高,所写的调研报告也得到领导的肯定。

虽然在工作过程中也受到过领导的批评,例如,分公司的报表出现错误而没有发现就直接报给了领导,没有完成领导交给的在休息日要完成的任务等,当然事后诚恳地做出了自我批评并采取了积极的补救措施,但是总体来说与领导的相处还是比较融洽的。和本部门的同事以及其他部门的同事的关系就更加和谐,工作中互相帮助,下班后在一起吃饭聊天,和几个同事还成了很好的朋友,现在还保持着密切的联系。良好的人际关系使短短的半年工作时光非常愉快,甚至超越了工作本身所带来的快乐。

集团很注重学习型组织的建设,每周都有两天晚上要组织学习,在人力资源中心组织的集团总部所有人员参加的演讲中,我的演讲获得了普遍的好评,我还清楚地记得我在台上演讲的时候台下的人力资源总监不住地点头,最后各部门投票选出的前五名优秀者中就包括我。

后来因为要来清华大学读法律硕士,不得不放弃了我还比较满意的工作。接下来在清华大学要度过三年的时光,这三年中首先要打牢专业知识基础,不偏废哪一门课程,扩大知识面。其次,要有所侧重,我目前对民商法比较感兴趣,将来也想从事相关的职业,因此我会多看这方面的书籍,多接触这方面的实务,为以后的职业做准备。再次,要广泛地与老师、同学交流,多学习别人身上的优点,因为来到清华大学,不仅仅是课堂上有许多东西值得学习,就是清华大学的老师和清华大学的同学本身也有很多值得学习的长处和优点。如果自己能在三年中不断发掘别人的优点并且不断地学习,一定会获得一笔宝贵的财富。在学习期间要通过司法考试,拿到执业证书。当然还要学习一定的管理类课程,为将来自己当老板做准备。

毕业后我想还是先从律师做起,因为做律师的过程既是学以致用的过程,又是不断增长经验的过程,还是逐渐积累财富的过程。由于经济实力的限制以及实际经验的缺乏,我首先要应聘进入一家律师事务所,用一年的时间达到一个可以独立办案的律师的水平,再用两年的时间成为民商法方面比较优秀的律师。其后的五年之内,争取接几个大点的案子,打几个漂亮的官司,树立在业界的口碑,提高专业领域的威望,并成为领域内的专家。在有了一定的资本积累、从业经验、良好的口碑和较高的地位之后,我要合伙成立自己的律师事务所,自己当老板。我自己的律师事务所的定位是不要求是最大的、人最多的,但是一定要是领域内是最专业的、最具有竞争力的。之后如果有机会我可能还会涉及其他领域,创建自己的公司。在整个职业生涯中,我对自己的目标是在别人眼中是值得尊敬的,是成功的,而自己感到是幸福和满足的。

[王老师点评]

律师这个职业是一个很有前途的职业。

从总体上看，国内律师数量仍然不足，地区分布不均衡、不合理，经济欠发达地区律师数量短缺严重。目前全国还有不少县没有律师，300多家律师事务所不足3名律师。

律师虽然是个好差事，但要干好也是不容易的。

虽然是高收入行业，但不同水平律师之间的收入差距是很大的。

每个人的能力有大小，收入也会有高低。高的年薪能达到30万元，低的可能只有1万多元。理论功底、业务素质、办案技巧、社会关系、职业道德、从业资历、社会知名度等都是决定律师收入高低的重要因素。

律师的收入是随着其从业时间的增加而快速增长的。这一点类似于医生，随着从业时间的增加，个人客户和专业知识会不断地积累，收入必然是一个长期递增的过程。不会像一般公司职员过了35岁就会逐渐走下坡路。不过在这之前，所有的实习律师都必然要经过一个短时期的相对贫困时期，一旦转正，他们的收入就会逐年快速上升。

由于律师对个人素质和专业素质要求较高，工作也比较辛苦，这一行也不是人人都爱干、都能干得了的。希望你事先对于这个工作的辛苦程度有所了解。

不过我想，你如果连最辛苦的清华大学法学研究生都读下来的话，以后工作中的辛苦应不在话下。

第 10 章

集成电路设计师

Refresh

10.1　了解自己

只有先了解自己,树立明确的人生目标,才能正确地选择职业,选择适合自己的职业生涯的发展路线。

10.1.1　我的性格

1. 内向

我一直是个很内向的人,不喜欢张扬,总是避免成为大家注意的焦点。

我很喜欢唱歌。记得小时候,有一次妈妈跟幼儿园的老师说,我唱歌很好听。老师不信,上音乐课时叫我唱,结果我唱完后,同学们都纷纷拍手。

我以前不喜欢把自己打扮得引人注目。然而前几天,一位男同学告诉我:"我觉得你其实具备一个美女的各种条件。首先,你的个子挺高的,这是你天生的优点。我建议你改变现在穿衣服的风格,选择一些时尚的衣服,并不要名牌,但要色彩比较鲜艳,给人一种阳光的感觉;其次,在头型上要有变化。你的头发挺长的,可以考虑披肩的效果,去把头发拉直效果会更好。如果你学会包装自己,感觉会更好。"

于是,我换了套服装,引来大家的赞叹。我忽然发现,原来适当地展现自己,从赞美中得到快乐,生活会变得充满乐趣。学会向别人展示自己的优点,让别人了解自己,才会得到更多的机会。

2. 很在意他人的影响和在他人心目中的位置

有人曾告诉我,不要过于在意别人的看法,走自己的路,让别人说去吧。可是我好像很难做到。记得高考填志愿时,我向很多人请教,结果大家各抒己见,我不知道该听谁的好。

其实从善如流固然必要,但是只能把别人的意见作为参考,最终应该自己拿主意、做决定,否则就变得没有主见了,会错失很多良机,走错路。

3. 喜欢独立,更愿意依靠自己的力量

我很喜欢独立思考问题。大学里,很多女同学(尤其是理工科的)都会找男生编程序、做实验,可是我不大喜欢找人帮忙,更愿意自己动手干,虽然累,但是每次独立完成后,都会有一种成就感。

不过,我应该与大家团结合作,因为到工作岗位上,与人沟通,互助合作,是必备的条件。

4. 做事负责

我是一个做事负责的人。在初中时,我担任班上的小组长,每天早晨收作业本。我总是把大家的本子按学号排好,点齐了,再交给课代表。而每次轮到我们组打扫卫生,我临走前会把教室的窗户都关上,再把地面检查一遍,才放心地离开。同学笑我做事认真得过头了。

5. 喜欢关心别人

很多时候,我的善意却被人误会,招来很多不必要的麻烦。今后关心别人要适度。

6. 不喜欢外露自己的心情

大家觉得我每天都在快乐地微笑,其实我也有忧郁的时候,不过我不愿意自己的坏心情影响别人,而希望能给周围的人带来快乐。

10.1.2　个人经历

1. 专业选择

人生面临了好多次重大的选择,对于我印象很深刻的就是高考。我当时就读于江苏常州的一所普通高中,成绩在年级里还算中上。高考前,我的压力很大,每天回到家很累,可是为了填志愿的事,跟父亲起了争执。我的父亲坚持要我第一志愿报考南京大学。我很理解他的想法,因为他是南京大学毕业的。不过以我当时

的水平,估计只能上南京大学读个一般的专业。可是我认为好专业比名校更重要,想填一个中等的学校念个热门专业,比如电子、通信、计算机类。最终还是听了他的话,报考南大。可是,我心里很烦,学习压力很大,而此时最亲的家人非但没有安慰我,还这样天天刺激我,所以最终考得一般。不过真是凑巧,我进了南京邮电学院的信息工程系,学电子信息工程专业,和我最初的想法不谋而合。南邮历来以招生规模小,专业却很热门著称(有通信、信号处理、光纤通信、电子工程、计算机通信等,基本上都是和 IT 相关的),就业前景也一直不错。我的很多本科同学都去了电信、移动、联通,还有一些去了电视台、中兴、华为。所以我进了南邮,进入了热门的 IT 行业,全家都很高兴。

2. 就业和考研的选择

初到南邮,我觉得自己走进了一个崭新的舞台,也感到很有压力。南邮的生源质量很好,很多同学都来自省级重点高中,考清华、北大落榜的。学校的学习氛围很不错,大家都很勤奋刻苦。我是个很要强的人,不愿意落在别人后面,于是进了大学很努力,几乎每天忙碌在教室、食堂、宿舍、图书馆之间。第一学年,我居然在年级 260 多人中排 11 名,拿了 3 份奖学金,大二、大三学年排到年级第 6,连我自己都很吃惊。

我是在大二时听到“考研”这个词的。当时听一个考上研的师兄说通信行业的发展前景很不错,而上海交大、东南大学、北邮的通信专业在国内的高校中都很出名。于是,我开始有了一个很朦胧的想法——“我要考研”。不过,我根本没有好好想过到底报考什么学校,只是觉得应该脚踏实地,好好学习,“船到桥头自然直”(后来才知道,这个想法很不好。我过去总是觉得凡事要顺其自然,做事不知道提前规划,结果走了很多弯路)。

转眼到了大四,很多招聘单位都来了。以我当时的条件(连续三年被评为“三好学生”、“优秀毕业生”,智育和综合测评成绩排名都在年级前 10),可以找份不错的工作,比如去电信、联通,拿份很稳定的高收入,这对于女生来说是个很不错的选择。

其实,我原本不需要考研,可以保送本校读研。可是,我很想考名校。因为曾几何时,服务于 IT 行业的程序员和工程师是年轻学子们心中向往的职业,高薪、办公楼、高速局域网,一切都是那么令人心驰神往。然而现在,IT 行业的很多大企业纷纷减薪、裁员,IT 专业的本科毕业生发现自己的处境比较尴尬。从 1999 级同学的就业形势看,苏南地区电信行业对本科生的需求数量已经接近饱和,电信行业需要更高层次的人才。可是当我决定考清华时,已经是 2003 年 9 月份了,而 2004 年

1月就要考试,时间很紧。后来经过初试、复试,我来到了清华大学深圳研究生院读微电子专业,方向是集成电路设计。

10.2　知彼

知彼就是了解与职业有关的内容,包括社会的大环境、就业形势、就业政策、就业信息、就业渠道、职业的分类与内容、职业所需的能力、工作发展前景、薪资待遇等。

微电子在国内是个新兴的产业,发展前景很好。而且有国家的政策扶持,发展会更加迅速。而目前中国正努力培养集成电路设计人员,我很有幸踏入了这个行业。

我觉得这是个很好的机会。因为本科阶段学习微电子的人将来想改行无非是改成软件方面的,也有个别特牛的人改成通信方面的。如果改成软件方面的,是以己之短博他人之长,要想做得很出色可就难了;其实对于他们来说,改成通信也比较困难。即使改也主要是开发通信方面的芯片。其实做 VLSI 设计是目前人才很匮乏的一项职业,只是目前国内还没有体现得那么明显。可是我本科阶段却是学数字信号处理,还学过电视原理(国内很少有高校有能力开设这种课程,而广播电视方向恰恰是南邮信息工程系很独特的专业方向)。相比之下,我对通信系统了解得比较多,在设计通信方面的芯片时就占据优势。

就我目前的情况,可以选择的工作大致有以下几种。

(1) 大型的集成电路设计公司,国企或外企。

(2) 电视台。

(3) 电信、联通、移动公司、规划设计院。

(4) 去高校当老师。

10.3　决策

1. 短期规划(1～2年内的职业目标和任务)

2004.9—2005.8:在学校里抓紧时间好好学习,修满学分,并在课外学习一些 IC 设计软件,并听听该领域专家的讲座,更深入了解微电子行业的最新发展动态和趋势。

2005.9—2006.6:选择到一个有名的集成电路设计公司实习,一方面,可以积累一定的工作经验,为就业打基础;另一方面,完成毕业设计,顺利完成学业。

我还需要在业余补充一些法律知识,除了《民法》,还要学习《合同法》、《知识产权法》等,学点经管类知识,风险投资之类,将来可以少走很多弯路。

2. 中期规划(3～4 年内的职业目标和任务)

刚毕业时,我打算选择一家上海或北京的 IC 设计公司工作,锻炼自己的能力(包括积累技术经验、社会经验)。

我更想去上海,主要原因如下。

1)上海政府对于微电子产业的重视强于北京

上海在繁华的老城区的北京路上建立了上海科技城作为微电子产业的孵化基地,从房租、网络、办公环境诸多方面给予优惠政策,企业的集中利于交流,也方便了人才的流动。据说中关村将会建立类似的科技园区,希望是真的。如果真是那样,在北京工作也很不错。

2)上海建立 Foundry 的环境优于北京

众所周知,北京的地下水缺乏,风沙大,这些都不利于 Foundry 的建立,相比而言,上海具有天然的优势,Foundry 的发展势头强劲。而 Foundry 的建立可以带动设计、EDA 公司的发展,有利于微电子产业的培育。

3)上海的人才储备劣于北京

上海没有北京大学和清华大学,也没有众多的中科院研究院所,复旦大学和上海交通大学远远不能解决人才的需求,引进人才是上海微电子发展的严峻问题。

4)上海的投资环境优于北京

上海将成为未来远东乃至世界的金融中心,融资能力不容置疑。

5)一些私人原因

一方面,我的家乡在苏南,离上海比较近,照应父母比较容易;另一方面,我有很多同学在上海工作,和他们交流比较方便。

3. 长期规划(5～10 年的规划)

我想工作一段时间后,到高校当老师。因为对于女生来说,当老师,工作很稳定。而我有一定的工作经历,掌握了一定的专业技能,并且了解市场的需求和发展动态,可以提出一些符合实际需要的课题,更好地开展科研项目,还能加强校企合作。

10.4 总结

我要培养坚决果断的风格,一旦确定了目标,就要为之不懈努力。碰到困难也不能随意放弃。不经历风雨,怎么能见彩虹,没有人能随随便便成功!

第 11 章

人力资源主管

Stef

　　人生就如风景，想要登高望远的话，就必须拾阶而上。每一个台阶都是一个支点，每一次付出都将有所提高，或者暂且你还感觉不到，也许登上下一个台阶你会豁然开朗，眼前风光明媚、海阔天宽。职业生涯策划，就如同搭砌人生发展的台阶，找寻不同的支点，帮助我们尽快看见事业上的那一片蓝天。

　　我是清华大学微电子所 2004 级的硕士生，学制是 2 年，所以在不久的将来，我就要站在找寻工作、踏入社会的台阶上。可是我却对自己的将来感到些迷茫。我在本科阶段学习的是机械制造，我对这个专业的学习感到非常轻松，空余时间也较多，为了拓宽自己的知识面，我选择了修金融学的双学位。而且在我大二的时候有过改行的想法，原因是有几个比我高几届的师姐虽然学习成绩及工作等诸多方面都很优秀，但是在就业时仍然没有太大优势可言，这在工科学生的就业中是一个很普遍的现象，很多用人单位在招聘时，都是同等情况下优先选择男生。我感到就业的压力，所以产生了转行的想法。在本科阶段再辅修经济的课程让我感觉非常累，在大三下学期的时候，我决定考研，因此放弃了拿双学位的念头，改为修一半的课程，即只达到辅修。在确定考研目标的时候，我首先想到的是经济类专业，因为我觉得由于自己的理工科背景及对经济类基础课程的掌握，跨专业的胜券比较大，可是为了求稳，我没有报考经济类专业，因为我想报考的学校及专业分数太高，我觉得自己只有几个月时间，基本不可能考上。所以最终在 2003 年的 8 月份，我决定报考清华大学的管理科学与工程。备考的过程中，我也对管理类的东西产生了兴趣，可是在 2004 年的复试时没被录取，而是调剂到微电子所学习 IC 设计专业。对于我而言，本科不是学电类专业的，从传统工科到尖端工科，从冷门工科到热门工科，需要调整的东西非常多。在 2004 年的夏天，我下定决心来读微电子，不管困难有多大，因为我觉得这个社会的竞争太激烈，没有过硬的本领，将很快被淘汰。在我本科阶段，我曾经想过去投资银行做投资顾问或者去外企，想过不少，可是没有深入去想，而且似乎有点脱离实际。

感谢"人力资源管理"这门课,让我有机会静下心来想想自己的将来。通过学习"人力资源管理",我结合人力资源管理的理论来一步步地设想自己的将来。

11.1　认识自己、了解自己

我是 2004 级的硕士生,2006 年 7 月毕业。所学专业是集成电路设计。我 2004 年本科毕业,从 1988 年上小学到现在,一直在校内学习,没有任何工作经验。

我的兴趣包括如下。

(1) 我喜欢设计模型,在本科阶段的学习中,我发现不管是学工科还是学经济,我都对其中的模型非常感兴趣,比如在学力学时,我就对桥梁应力的模型感兴趣,并且发现这些模型非常实用且有意思。

(2) 我喜欢图形,在小时候学过一些绘画,大学时又学习并应用工程制图,我对图形的理解能力似乎还可以(可是我觉得这个在以后可能并没有什么大的用处,可能在自己的生活中可以增加些乐趣)。别的兴趣也有很多,可是似乎与职业或者工作联系不多。比如我比较喜欢园艺,在高考时甚至想过报考农业大学的园艺专业,可是随着年龄和学业的增长,我觉得去做那些的可能性越来越小。

我的优点如下:

(1) 我善于观察事物并得到有规律性的东西。

(2) 我的逻辑思维比较清晰。记得老师上课时有节课讲到人的性格,我是比较典型的理智型的人。也是因为学理工科的原因,很多东西都是按照条理一步步来(我不知道这是优点还是缺点,因为我觉得正是因为这样,束缚多了,却在一定程度上缺乏创新力)。

(3) 人际关系比较好,虽然我是偏内向性格的人,我与人相处的原则一直是:你怎样对待别人,别人就会怎样对待你。在多年的学习经历中,我学会了体谅他人,站在别人的角度考虑,所以我觉得与周围的人相处比较开心。

(4) 学习能够比较深入,在学习很多东西的时候,我能耐下心来钻研。

我的缺点如下。

(1) 性格偏内向,很多时候不够勇敢,错失了很多次机会。有些时候会瞻前顾后,把握不住机会。

(2) 由于是跨专业来学 IC 设计,所以目前来讲知识储备及设计能力没有优势,不过我觉得通过这两年的学习应该有所提高。

(3) 英语不太好。由于在大学里通过四级之后就基本将英语放下,所以英语水平不高,这在我将来的择业中也是劣势,我想在这两年中也应有所改进。

（4）适应新环境慢。在刚刚接触一个新环境时，我经过很长一段时间才能适应，在适应环境后，还有点不想再换环境的感觉。

11.2 确立职业目标

一个人事业的成败，很大程度上取决于有无正确适当的目标。确立职业目标，是我的职业生涯规划中的第一步。

在上面的篇幅中我总结了自己的优缺点和兴趣，我多次地问自己：我能做些什么呢？本科阶段还幻想过尝试多种职业，可是现代社会中分工越来越明确，人的知识、技能毕竟有限。就目前情况而言，在 2006 年硕士毕业后，我基本应该是从事与微电子有关的行业。我现在只是有种想法，我做这行做不长久，按照给我们上课的老师的说法，微电子这一行比较好就业，只是非常苦。虽说做任何工作都要付出艰辛的劳动，可是我觉得自己在一定年龄之后，精力和体力都会有所下降，我想在做微电子几年之后我就会有转行的想法，或许是一步步地走管理的路子，也或许是做一个崭新的行业。我本科的同学出去，从事的工作五花八门，有做销售的、做技术的、做采购的、做客户服务的。或许在两年之后我可以借鉴他们的一些东西。由于我从未工作过，我并不是很清楚公司的各个部门的实际运行是怎样的。我比较倾向于公司的人力资源部门。

11.3 具体的行动计划与措施

为了实现我的职业梦想，我为我的职业发展规划制订了具体的行动计划与措施。

11.3.1 短期目标(时间为 2004.9—2005.9)

我现在是一年级的学生，在这样一个充满挑战与竞争的社会中，只有让丰富的知识作为自己坚强的后盾，才具有较强的竞争力，现在的目标当然是比较牢固地掌握专业知识和技能，还要补习英语。

11.3.2 中期目标(时间为 2005.9—2006.7)

按照我们专业的培养模式，我们在第二年大多数同学会去企业做自己的课题。我觉得不论是留在学校还是企业，都是自己完成项目的过程，在其中，我可以积累团队的经验以及熟悉完成一个完整项目的流程等。

11.3.3　中长期目标(时间为 3~5 年)

在硕士毕业后,我想进入外企工作。在微电子行业,比较领先的是美国、日本和中国台湾。在中国大陆的微电子企业中,台企占相当一部分。我的本科同学中有不少人去台企,我听他们的评论,似乎感觉到很多制度不完善以及在网上或者报刊上看到的台企的不公平待遇,使我对台企望而却步。我对外企向往的原因并不完全是待遇、薪酬,我是觉得很多跨国公司,像 IBM、Intel 等有很强的企业文化及成功的企业规划,我觉得在这些企业,人会提高得更快,机会也更多。

11.4　需要改进或提高的地方

综上所述,我的基本目标就是 2006 年毕业后进入一家较好的外企工作。好的企业需要员工具备的素质很多,我想有些是基本的,所以在研究生阶段的学习中,我觉得自己应该朝着这些方向努力。

1. 有出色的特长

按外企人的话,你要有价值。人力资源部门招聘你,就是因为你有价值,他们会依你所长,把你安排在合适的职位,在这个职位上,你应该能完全胜任工作,本职工作都胜任不了的人,他是没有什么前途的,等待他的只有被自然淘汰。

对我而言,毕业后简历上应该出现比较好的 IC 设计背景,这就要求我在这两年里要有扎实的理论知识,以及好的设计方向和设计成果。

2. 有强烈的责任心

在办公室工作的员工不是以时间来衡量其工作,而是以其负责和其他完成量来衡量,完成本职工作是员工的责任,当员工工作在 8 小时内未完成时,加班更是分内的事儿。在外企,主动要求给予提升是受鼓励的,这不同于国企的"伸手要官"。因为外企认为,你要求担当一定职务,就意味着你愿意承担更大的责任,体现了你有信心和有向上追求的勇气。外企看重的是自己是否有继续学习和发展的机会。

我觉得我还是责任心很强的一个人,没有完成本职工作我会觉得非常不踏实。

3. 有学习能力

外企认为，一个优秀的员工会利用一切机会学习、吸收新的思想和方法，从错误中吸取教训、从错误中学习，不再犯相同的错误。一个不爱学习的人在当今社会是没有前途的，大学所学的知识在工作中只能占 20%，80% 以上的知识需要在干中学。

我在很小的时候，父母就给我灌输一种活到老学到老的观点。这个社会日新月异，不坚持学习就会落伍。

4. 有较强的应变能力

优秀的员工不满足于现有的成绩和现有的工作方式，而愿意尝试新的方法，因为在不断变革的今天，只有未雨绸缪，才能化被动为主动，才有能力迎接新的挑战。外企是外国公司在中国的分支机构、办事机构，世界经济的变化、中国经济的变化、公司管理层的调整和变化、人事变动等都是正常的，是公司为了适应市场的竞争的需要，这些变化或多或少会影响你的工作，你的位置，如何保持正常的心态迎接变化，适应变化，是进外企工作的人要有的最起码的准备，随着你的工作责任增大，适应变化就变得更重要。

我觉得这点我有很多要改进的地方。我的应变能力似乎不强。而且我有点情绪化，有一点小事要是堵住了，就会影响我的心情甚至学习工作。

5. 有商业头脑

这点我似乎也不太有优势。我觉得自己需要学习经济、管理类的知识，对自己会有所帮助。

6. 有团队协作精神

我觉得这个可以在我所要完成的科研项目中锻炼自己。我觉得读研和读本科很大的不同就在于此。在研究生阶段我有机会接触到科研项目并且通过团队合作的形式去完成。

7. 有沟通技巧

管理的精要在于沟通，管理出现问题，一般是沟通出现故障，上级要与下级沟通，下级也应主动与上司沟通，不沟通而产生隔阂，再一走了之绝不是好办法，善于沟通的员工易于被大家了解和接受，也才被大家认可。这点在老师上课时也多次强调过。我在考研时报考的是管理科学与工程,得到的最大收获就是以人为本。我觉得自己在平级之间的沟通应该还可以,可是在与上级的沟通中可能会存在一些问题。

这就是我最近所想的职业规划,我并没有设想十年之后或者更远,我觉得人生目标的确定往往是基于特定的社会环境和条件的。这样的环境和条件总在变化,确定了目标也应该做出修改和更新。而且我现在对微电子这个行业也并不是非常熟悉,这还要依赖于我研究生阶段的学习。

[王老师点评]

你的求学经历可以说是比较曲折:本科学机械制造,考研的时候考的是管理科学,但最后录取进了微电子所,并不是你计划中的专业。好在你的适应能力比较强,采取既来之、则安之的态度,准备先把微电子专业学好,毕业出去从事一些年的微电子行业的工作,然后逐渐转行到管理上来,例如,人力资源管理。

从你对设计模型的兴趣与擅长,我觉得你大学时考虑去投资银行做投资顾问的计划很可能是正确的。我认识的一位清华大学学生,专业一直是水利,博士还是在 MIT 读的,毕业出来进了一家与水利完全不相干的世界著名投资公司,好像是摩根士丹利。加上你大学时读过金融的双学位,说明你有这方面的基础和实力。如果这样说来,你现在读的硕士专业等于是走弯路了,因为你最终要回到经济上来。

至于你说想以后转到管理上来,根据你的性格来看,不一定适合(虽然从我的内心里说,当然觉得有一个学生成了自己的同行是件好事;如果你真的下定决心做 HR 工作,我一定尽我薄力帮助你实现自己的职业理想)。因为你的性格属于内向的,从你的经历描述上没有看到你在学校期间有任何管理上的锻炼,说明你的兴趣并不在与人打交道方面。除非你在硕士阶段努力弥补这方面的欠缺。

所以,你在这两年读研究生期间的时间管理的水平需要比较高。既要把眼前的专业学好,又要学习一些以后需要应到的管理知识。

第 12 章

大型企业的人力资源管理或管理咨询

刘 萌

我从小志向明确——做老板,这很大程度上取决于对儿时拮据生活的排斥和天生的控制欲。然而随着年龄的增长和环境的不断变换,志向反而逐渐模糊,尤其埋头苦学数年,总觉得自己不够成熟,不急于规划未来,致使长时间不知前途何在。蓦然抬头,发现所谓未来早在眼前,不得不静下心来整理头绪,重新审视自己。

作为清华大学的研究生,社会和家人的期待自然很高,而自身的忧患意识往往不足,在职业生涯设计中难免陷入理想。但我认为,只要对自身特点、需要和最终希望达到的目标有清晰的认识,并且能够时时反思调整,就可以让自己的职业道路走得更加明确有意义。

这次的职业生涯设计,目的是借机重新了解一下自己,确定一下自己的想法,并且希望能够在思考的过程中有新的收获成长。

知己知彼,百战不殆

“贵在自知”这句老话确是真理。对职业生涯的规划设计当然必须针对自己的特点和兴趣,不妨将整个过程视作自我发掘自我提高的“知己”过程,在此基础上规划的职业人生才有成功实现的可能。而每一个人都处于一定的环境中,只有对这些因素充分了解,才能在复杂的情况中趋利避害。“知己知彼”使职业生涯规划具有实际意义。

人的性格一半天生,一半受环境影响。任何性格都是可以成功的,重要的是了解自己,选择最适合自己的道路。我相信性格决定命运,更相信了解性格可以改变命运。其他的方面,例如能力也是如此,成功需要的因素很多,需要我们具备多方面的能力,而每个人势必只能具有几个方面的优势能力,只有充分了解才能游刃有余地运用。

　　做事认真务实、待人诚恳、忠诚善良是我最大的优点，让我可以负责地完成自己的工作，但在某种程度上也存在缺憾，例如容易较真，无法达到世人所要求的所谓八面玲珑等。好在自认为情商较高，心态平和豁达，不太计较名利得失，容易与别人取得沟通，这对今后的人际交往以及自我调适都有很大的好处，但也注定了不适合做挑战性太强的工作。同时，我清醒地认识到，自己的思维方式为形象思维，略偏重于逻辑思维，虽然选择了学习工科，但是兴趣更多地在对人的观察分析，以及对事物宏观特性的思考。所以一直以来，我都确定自己不是科学型人才，不打算走上研究的道路，更多地接触人与社会的管理型工作才更适合我。但是必须看到，我的性格上也有很多弱点，例如，稍缺乏自信，不热衷于主动与别人打交道，有时容易感情用事，缺乏激情，这可能导致我社交圈子窄，做事欠考虑后果，过于在乎别人的看法等后果。

　　在能力方面，分析能力、沟通能力、适应能力、协调能力、判断决策能力、自我管理能力等都是我认为自己具备的优势能力，这些能力使我思维细密，与人相处融洽，做事果断，有毅力和韧劲，我也相信自己可以独当一面。同时，缺乏创新和实践能力，学习能力稍差，整体综合能力不强，这容易导致不愿意接受尝试新观点，对整体和未来把握不足，缺乏必要的应变性等后果。这些问题如果不努力加以克服，必将成为职业发展的最大障碍。

　　从上面的分析可以初步总结，我比较适合的职业应该是单纯管理型或者有技术背景的管理型职业，这是我一直努力追求的，也相信最终的成就感必定来自于管理。但是缺点也在不断提醒我要努力超越自己才有达成目标的可能。

　　除了自我性格能力评估，对环境因素的评估也必不可少。我的成长环境简单，所以相信人性本善以及社会的美好，对社会环境的复杂性缺乏清醒认识。大学期间的一些社会实践让我懂得了"害人之心不可有，防人之心不可无"，这种成长对今后的工作生活很有帮助，也使我对环境因素的影响有了全新的思考。当前的社会政治经济大环境为我们的个人发展提供了充分的空间，作为清华大学的学生，在做职业规划时，既要充分考虑社会对清华大学学生的期望值与自己实际水平的差距，又要充分意识到清华品牌给自己带来的更多是机会和信任，应该适当充分加以利用。从我自身来讲，经济负担小，父母的影响也会给自己带来很多好的机会，把握机会，不断磨炼自己，才能从激烈竞争中脱颖而出。

良禽择木而栖

　　俗话说"女怕嫁错郎，男怕入错行"，充分体现了职业选择同婚姻一样对人的一生意义重大。而职业生涯规划的最终目的就是寻找适合自己的职业。尤其当今社会,不管男女都把事业作为生活中非常重要的组成部分,职业选择正确与否,直接关系到人生事业的成功与失败。而职业的选择,必须充分考虑到性格、兴趣、特长以及内外环境与职业是否适应,以及职业生涯路线和目标,只有通过综合的分析,才能做出最适合自己的职业生涯设计。

首先,从性格能力等方面分析,我适合的是偏管理型的职业,这初步确定了职业生涯路线,今后的学习生活应该沿着这条路线前进,更加注重培养锻炼自己这方面的能力。其次,性格能力上优秀的方面,环境中有利的因素,以及作为女性所特有的细致柔和等优势,为我的职业选择提供了一个整体框架。当然,在自己的缺点弱势没有得到改善之前,必须尽量避免走上容易暴露自己的职业道路。再次,不可否认,作为女性,职业的选择受到的社会家庭压力不同于男性,如果能够家庭事业兼顾,将是一种最理想的状态。

技术层面的工作明显不适合自己,管理理念层面的东西在短期内,尤其是参加工作之初也很难有用武之地,所以必须在方案规划、方法设计层面谋求发展。相信这也是绝大多数工科出身人选择职业的想法,但是实现起来确实有一定难度并且面临严酷的竞争,除非真正拥有这方面的能力,否则很难出类拔萃。我也有这样的想法,但是更倾向于一种介于规划和管理之间的方向,运用专业知识从宏观上把握解决问题。

目前我感觉比较理想的岗位是大型企业的人力资源管理部门(纯管理)、专业咨询部门(介于规划与管理之间)或者规划设计部门(规划),期待的工作模式是相对稳定,更多地与人打交道,以团队模式进行,环境和谐有规律。之所以选择大公司,也是喜欢一种既定企业文化下形成的稳定的工作氛围,并且大公司有成形的奖惩以及人事制度,管理理念也比较先进,有利于个人能力稳定充分地发挥。

在此基础上,我不愿意放弃多年所学的工科知识,不管是本科时的生物医学还是研究生阶段的物流,希望能将这些知识在工作中有效地加以运用,例如,进行专业咨询工作,需要专业知识、企业管理知识与个人能力的有机结合才能很好地完成。这里的咨询不是一般意义上的简单介绍性质,而是能够对某一问题有充分的认识,并可以在一定程度上提出解决方案和改善措施,这不仅需要相应的工程技术知识作为背景支持,能够结合管理知识进行实际分析,并且具备系统的知识结构、一定的学习能力和解决问题的能力。

在做职业生涯设计的过程中,我一直在思考什么是真正的成功,钱? 权? 似乎都不够,尤其作为女性。显然,"工作狂"不是一种成功的工作生活模式,现代人更多地追求的是一种生活品质,事业与家庭不能成为矛盾。所以我理想的工作必须劳逸结合,充电与修整是必需的,这样才能保证更好的工作状态。

按照上面的分析,我会选择人力资源管理,咨询或者规划工作作为自己的栖身之木,看看能否获得期望的成就感和归属感。

临渊羡鱼,不如退而结网

前面分析了自己,分析了职业,都觉得有些浮躁,不管怎么分析都只是临渊羡鱼而已,必须设定一个长期的职业生涯目标,并且针对自己目前的学习生活状态制定一个具体发展方案,才能使此次的职业生涯设计更有意义。

职业生涯目标的设定是职业生涯设计的核心,正确适当的目标是事业成功的关键之一,也是在对自己进行剖析之后,以最佳才能、最优性格、最大兴趣、最有利环境等信息为依据,对人生目标做出的抉择。

首先制定一个事业上的目标,从毕业工作开始算起。虽然常说金钱不是衡量一切的标准,但是在职业发展的道路上,收入不失为一个很好的衡量指标,所以目标就从职业、职位、收入、生活几个方面展开。10 年之内属于积累稳定期,之后,有了一定的物质基础、社会经验和人际关系,就需要开始考虑更高层次的个人发展了,这个层次的发展对我来说还有些迷茫,所以目标只能制定 10 年之内了。

1. 短期目标(1～3 年)

争取进入一家大型公司,例如,一直比较心仪的中信、中海物流等公司,在人力资源或者咨询培训部门获得职位。这几年是学习熟悉、不断充实磨炼自己的过程,作为刚毕业大学生,对企业内工作方式的适应以及对自己做的工作的熟悉可以在这一段时间内完成,也可能遇到很多的挫折,借以实现个人的成熟。从现实的角度讲,这段时间的工作很大程度上也是为了建立一定的经济基础,形成固定的生活模式,为将来的发展做好准备。

2. 中期目标(3～5 年)

各项工作已经基本熟悉,能力开始得到展现,这段时间争取能够成为部门的业务骨干,能够独立地完成一项完整的工作。工作上已经积累了一定的经验,可以独当一面并且管理一个小组。借工作的机会接触尽可能多层次的人,建立自己的人际关系网,更好地适应社会。自己的能力得到了一定的锻炼,可以将学习的知识活用于工作,许多不足之处得以改进,性格更加成熟。争取收入能够翻番,生活趋于稳定,为更进一步的发展打好基础。

3. 长期目标(5～10 年)

人变得更加成熟稳重,有了相当的社会经验和人际关系积累,能够统筹管理较多的人和更重要的事,职务上能够做到总公司部门主管或者分公司的经理等中层以上管理人员,更接近最高的管理决策层。能够树立起个人"品牌",在公司内有一定口碑和威望。接触更高层次的人,不断提升自己的处事能力和应对社会的能力,实现一个质的成长。在生活上,期待收入能够达到中上水平,经济问题不再成为个人发展的阻碍,而且生活品质有所提高。

"工欲善其事,必先利其器",当前最重要也是最实际的就是制订研究生这两年的行动计划。不管多么宏伟的计划,如果没有扎实的知识和充分的个人准备,都只能沦为空谈。

(1) 尽快完成专业转型,适应现在所学习物流专业的思维学习方法,学会从宏观和管理学的角度研究问题。

(2) 认真学习专业课,不管是在校本部还是在深圳,学习都是第一要务。利用学校的有利条件努力搞科研,争取在第一学期加入课题组研究,第二学习顺利开题,两年毕业。

(3) 提高英语水平,今年内通过英语六级,并且着重训练口语。如果有时间精力的话,学习一门第二外语,如日语。克服心理障碍,努力锻炼与人交流的能力。

(4) 阅读成功学、经济学和管理学的经典著作,学习工科知识的同时不放松人文素质的提高,扩展思路和知识面,不断充实自己。

(5) 时时注意自己的言行,严格要求自己,锻炼自己待人接物、为人处事的能力,克服性格上的缺点,处理事情尽量深思熟虑,避免犯"低级错误"。

遇到挫折能够平心静气,客观对待,锻炼思考解决问题的能力。

(6) 寻找机会进行社会实践,例如,在研二的时候进入一家公司实习,为踏入社会提前做好准备。

写 在 最 后

论文的写作一再拖延下来,并不是无物可写,而是越写越迷茫,不断地思考,不断地建立,又不断地推翻,在迷茫中不断地探索。首先是对自身的认识,长期以来,对自己的了解仅仅停留在眼前的现状,可以说从来没有深入地从未来的角度思考过自己是否适应这个社会,是否能够取得成功。其次是职业选择,现在还没有选定科研方向,虽然我清楚地了解物流专业是众所周知最热、最火的,可是毕业之后我究竟能做些什么? 去专业的第三方物流公司,去大型综合型企业,自己创业还是干脆改行？至今我都没有明确的想法，即使进入公司，我又能够胜任什么样的工作？能否符合企业的要求？这一切可能在确定专业方向之后变得明晰。

因为迷茫，所以需要不断发现、不断完善，随着时间推移和我自己的成长，很多现在的想法可能发生改变，计划永远都赶不上变化，这次的规划设计也必须能够充分适应变化，这就要求我能够不断自省，"与时俱进"地进行自我调整。

论文不断修改了将近两周，快完成的时候，无意间做了清华大学就业中心的职业测评，测试结果与我自己的分析很相似，虽然不一定完全准确，可是确实给了我一些信心和方向。测试结果显示我的职业性格是"内向、感觉、情感、判断"，而职业特点评价是"我以名誉担保，履行自己的责任"，而职业动力指数（也就是在人群中的位置）分别为"成功愿望 57％，影响愿望 52％，挫折承受 97％，人际交往 95％"，感觉与我自己的评价分析非常相似。

无论如何，所有的规划、测试都只能认识自己，制定方向，今天的努力才是最重要的。完成论文的这一天，应该就是一段新的探索的开始，虽然前途依然有些迷茫，可是毕竟有了探索的方向，不断的自我发现与自我完善，相信我最终能够取得期待的成功。

[王老师点评]

对于你来说，毕业出去的第一个工作恐怕难以像你设计的那样，找到一家物流公司做人力资源工作。因为你是工业工程的硕士研究生，一般的物流公司很少有这样学历的专业人才，他们怎么会舍得让你不干本行却去做人力资源呢？

对于公司来说，这绝对属于人才浪费。

对于你来说，也是知识的浪费。

不过，话说回来，以我对你的了解（毕竟我是你们班的班主任），你的个性还真的挺适合做人力资源管理工作的。所以，假如你无法一毕业就马上做 HR 工作，那就曲线运动，逐渐过渡到 HR 工作好了。兴趣是最好的老师，你不去做 HR 工作，那更是对人才的浪费。

第 13 章

董 事 长

王 亮

13.1 个人介绍

个人简介：王亮，男，出生于 1984 年 3 月 14 日，湖北荆州人。小学、初中、高中都在出生地读书，本科毕业于北京邮电大学信息工程系信息工程专业，目前就读于清华大学微电子研究所。

1. 成长期（14 岁以前）

我最喜欢的：和好朋友一起玩，运动，集邮。

我最擅长的：乒乓球、理科竞赛。

我最重视的：在别人眼中自己的形象。

这阶段的代表颜色：黑色。

我的志愿：能够成为一个科学家，登上月球。

我所扮演的角色：数学科代表、化学科代表。

我扮演最称职的角色：科代表和好孩子。

我最希望卸下的角色：好学生。

成长期的自我评估

小学和初中期间一直是父母和老师眼中的好孩子，但是我觉得很累，而且很希望父母能把我看成是一个平常的孩子。湖北是个教育极其严格的省，在我们那儿更是不一般。家长们在一起都没有什么好说的，但是谈到自己家的孩子时又不一样，父母们总能口若悬河——夸自己家孩子怎么行，学习怎么好，对老人怎么孝敬。因为我学习当时确实不错，我的爸妈总能在别人面前特别风光，而我当时又不是一个喜欢出风头的人，性格比较内向，听到别人夸我总觉得不舒服，感觉别人在拍马屁，所以一直比较反感这个。好像现在也有这样的感觉，不过好了一些。

　　说到性格内向我也不知道是怎么回事,我知道内向是不太好,但是就是改不掉,而且每次回老家遇到亲戚我总不会叫人,即使我爸妈在旁边一个劲地催也没有用,我一般是低着头笑。其实我心里却想叫他们的。

　　小时候性格特别要强,简直到了说一不二的地步,而且不管自己对还是错(现在也是这样,不过表现得没有这么强烈)。有件事情一直到现在还是记忆犹新。那时候还是初二上学期,我有一个特别好的朋友,我们家住得特别近,每天都是一起上学、一起放学回家,而且还有些相同爱好,比如乒乓球,所以每到中午休息的时候我们总在一起打乒乓球。有一天中午,我和他在打乒乓球,有一个球我认为他犯规了,就直接跟他说了,谁知道他不承认还说我冤枉了他,当时我们就闹翻了而且一过就是一年半没有说话,谁都没有理谁,可能是我个性强的原因,总是不肯主动跟他说话。后来还是在全班同学在毕业前的调解下,我们才恢复了关系,当时虽然觉得很尴尬但是我感觉我自己挺珍惜这份友谊的。

　　从小学到初中我都一直想当科学家登月球,我从小就听说嫦娥奔月等传说,对月亮充满好奇,夏天几乎每天晚上拿着望远镜瞭望月亮,充满了遐想。事实上我一直在向这个目标迈进,在学校的成绩总能名列前茅,特别喜欢竞赛,拿过一些奖项,特别是数学和物理,也是我一直引以为豪的事情。

　　总体来说,成长期的性格主要以内向、倔强、好学为主。

2. 探索期(15~24 岁)

我最喜欢的:篮球,跟朋友聊天。

我最擅长的:听别人说话,协调关系。

我最重视的:人际关系。

这阶段的代表颜色:蓝色。

我的志愿:能赚很多的钱。

我所扮演的角色:体育委员、科代表、文艺部长。

我扮演最称职的角色:文艺部长、体育委员。

我最希望卸下的角色:没有。

探索期自我评估

　　这个时期经历过两个阶段——高中和大学。我感觉这个阶段得分开说,高中是我主要性格改变的时期,而大学可以算是自己成熟的一个时期。

　　高中一进校我就决定要改改自己的性格了,第一件事就是改改自己内向的性格,对一个跟陌生人说话都会脸红的人确实是件很难的事情,但是一件事情改变了我的观念。刚读高中的时候,我哥哥正好结婚,那时候比较流行结婚的时候家电里面配个卡拉OK,可以平时在家里唱唱歌,娱乐娱乐。我比较喜欢唱歌,所以每到周末就吵着要去哥哥家玩,其实就是为了能唱唱歌,记得刚开始根本不敢拿着话筒说话,更别说唱歌了,哥哥、姐姐硬是给我点了歌,把话筒强塞到我手上,那时不唱也不行了,只好硬着头皮唱下来,而且每次唱完了他们都说我唱得很好。这样时间长了我就慢慢地放开了,可以当着许多人的面点歌、唱歌,当我意识到这一点时我发现我已经做到了。这件事可以算是我人生的一个转折点,从这以后学校的大小型活动总少不了我的身影,特别值得炫耀的是高中组织过学校的晚会,组织过学校的体育联赛。我把这一切都归功于KTV。高中最能记得起的就这件事情了。高考考进了北京邮电大学。

如果说是高中改变了我大致的性格,大学则使我成熟了许多。特别是从思想上。进入大学后,给我的第一感觉就是和以前想象中的大学相差太多,理想中大学是一个自由度比较高的地方。我感觉刚从高中毕业来到大学的同学大部分人跟我想法一样:找不到自己,不知道现在自己是在读高四还是在读大一。我从一进学校就开始寻找这一答案,以前想进大学歇息歇息的想法依然存在,这使我特别郁闷,因为自己不知道自己要干什么,根本就摆不正自己的位置。高中的一些转变使我有了一些念头——我可以继续地改变自己,更加地完善自己。

学校这个时候有些社团学生会招新人,对我来说这正是一次机会。我积极地报了名,并拿出了实际行动。我大一从干事做起,干事简言之就是专门干事的人,那个时候的任务通常是跑腿,买东西,布置会场等,虽然觉得挺没有意思,但是我知道这是对自己的锻炼,所以特别珍惜每一次活动,有时候由于课程原因,部门的其他一些干事来不了,我就找几个人一起顶上,可能是自己做得挺卖力的,团委领导和校会干部对我比较信任。终于功夫不负有心人,我在大二的时候如愿地通过竞选当上了部长,并成功地举办了许多学校大型晚会,得到大家的广泛好评。大三我退下来之后我又冷静下来仔细地想了想,总结了一下自己三年来的收获,我发现我又往我的目标迈进了一大步。通过对学校的一些活动的组织,我得到的不仅是老师的赞赏,同学的信任,更重要的是学到了许多对人员协调的知识。估计这也算是初级的HRM吧。

不仅是这样,学生工作和社团工作使我比较早地接触了社会,知道了和社会人应该用什么方式去打交道,怎样才更有效。总体来说,与社会的接触让我学会了不要太单纯。以前我总是把一切想得特别美好,认为世上的人都不坏。通过一些活动我认识了许多。拿个例子来说吧,又一次学校要办晚会,希望给晚会带来点新意,我联系了北京一个兄弟院校的文艺部,希望他们带几个节目过来给晚会添点光。按常理讲,这应该是件双赢的事情,不仅给他们学生会带来了名声,也为学校晚会添了彩。我本来是打算来了的同学每个人都能吃顿饭,大家能交流应该就可以了,可是通过进一步沟通才知道他们还需要出场费,好像是表演艺术团的感觉。对于这种情况我能做的只有是跟他们交涉,把出场费压到最低。也许这是市场经济在大学校园众多中的一种体现吧!

总体来说,这一个时期的我想法比较成熟,能够透彻地分析问题,性格大致趋向于外向,而且感觉以后可能向管理方面发展。

13.2　生涯愿景与规划

1. 我的生涯愿景

我的生涯愿景如表 13.1 所示。

表 13.1　我的生涯愿景

我梦想这一生能够完成的五件大事	梦想的根据	何时完成
进入一家大型外企	能够学到更多东西	25 岁以前
成为一名管理人员	职务轻松,报酬高	30 岁左右
拥有自己的一个公司	做老板,体验生活	40 岁左右
未知		
未知		

2. 我的生涯目标与规划

1) 3~5 年后

3~5 年后,根据自己在本科和研究生阶段学习的知识,我将扮演的角色是程序员和工程师。这两个职业相关性比较大。估计刚工作就是担任程序员,在单位上写代码,调程序。作为一个芯片程序开发员,我希望能在单位上有机会接触到硬件,并逐步地将编写程序和测试硬件结合起来,在两年半左右能担任单位的硬件工程师。在这两个角色中,我认为最重要的一个角色是工程师。因为工程师不仅要求有较强的理论知识还必须有很强的动手实践能力。我现在读研究生的目标是希望研究生毕业后进入一家外企工作(当然是与现在所学的行业挂钩),对于工资、住房没有什么要求,只是希望能多点儿在外企的工作经验。外企一向是以文化氛围好而著称,在公司里能与来自不同文化底蕴国家的工作人员一起共事就是一种能力的体现。我希望能通过同世界各地的工程师一起工作,在学习技术的同时能够相互交流,进一步地扩充自己的交往能力。总之,我在外企工作总的目的有两个:一个是能够学到更多、更专业的知识,积累更多的在外企工作的经验;另一个是能够通过与各式各样的人打交道增强自己的交往能力。

那个时候的工作内容是一个小组共同协力来完成上级分配下来的项目,我能通过自己学过的知识、必要的学习以及团队的协作来成功地完成项目。最能吸引我的工作就是完成项目后的那种成就感,它能够驱使我更加地努力去做好后面的工作。

希望5年后可以在业界小有成就,结识一大批朋友;学会多种技能,比如管理和沟通等;在处理问题上能够更加稳重,考虑事情更加周到。

2)6~10年后

6~10年后,我将扮演的角色有部门经理和企业中级管理人员,希望通过工作后3~5年在工作上的优异表现能够升职为部门经理,这个时候我工作的方向有所转移,逐步地由主攻技术转向管理。具体来说就是当承接了一个项目时,在部门内部能够很好地分配任务,充分地发挥部门成员的长处,高效地完成项目。这就需要平时细心观察,能够准确地发现部门成员的各自的优缺点,而且能够把他们的优势互补起来。希望能够通过这个工作将自己的管理才能发挥出来,并且不断地摸索与改进管理方法,争取在较短的时间内得到上级部门的认可。两年半后的发展目标就是能够真正地进入单位管理部门,比较正式地专门从事管理工作。希望在工作期间多同部门同事交流,互补经验从而学习到更多的东西,同时以技术员的身份与职员交谈,以技术作为切入点同职员交流,希望能够更准确地了解他们的心理,从而合理地制定出一系列政策。

这个阶段的主要工作内容是通过在企业内部的不断调查,希望准确地把握各个部门员工的心理与性格,根据这些在不同的岗位上安排合适的人选,充分调动各个员工的积极性,让企业以一种高效的工作方式运行。真正地实现HRM的非凡作用。工作期间,最能调动我工作积极性的就是,在每天工作时能够看到同事和职员们都能以一种饱满的工作热情投入到工作中。因为这将暗示着你对人员的调动以及做出的相应的制度都是合理的。

在这期间,我还希望在做管理的同时学习一些关于企业运作的知识,积蓄更多关于这方面的知识,因为时机成熟的时候我可以选择跳槽,为了自身更好地发展。出去以后的选择很多,如果有精力和实力,可以自己办个公司,充分发挥并考验自己拼搏这么年来积累的经验;也可以选择去一家企业做高层的管理人员。

希望这5年间能够学到足够的关于管理知识并加以实践,汲取其中成功的一些经验,同时能够积累相当可观的一笔资金,为接下来的发展做准备。

3) 11～20 年后

10 年后估计我担任的角色有公司经理、董事长。在这两个职业中我觉得最重要的是经理这一角色。这 10 年间的发展目标主要是综合以前积累的经验更加完善自身。担任公司经理的方式很多,如果资金允许的话能够自己开一个公司,条件不成熟则可以选择与人合资,要是条件实在不行则可以选择去一家可以担任管理整个公司事物的一个企业。担任经理的主要目的是了解公司的运作以及如何能把一个公司管理好,并让公司高速发展。对于个人来说就是怎样处理工作中遇到的不同方面的事物。要管理好公司是一种综合性能力的体现。可能 10 年前干的只是其中一个方面的事情,现在要求就更高了。大概花 7 年时间去体验这一过程,余下的几年就可能要向董事长方向靠拢。董事长需要做的事情不是如何去管理公司,而是考虑如何吸引更多的资金去发展公司的规模。我觉得这离我可能会有点远。

总体来说,我的职业规划是将自己作为一个外向性格考虑而设计的,而且通过 HRM 课程上发的一些资料和学校就业中心的一些评测,技术不是我的最终选择。我希望能够通过对自己职业生涯的大致规划得出一个比较抽象的框架,在以后的生活学习和工作中向这个框架迈进,并一步步地实现目标。

第 14 章

煤炭高校的物流教授

刘 根 生

14.1 前言

对于用人单位,选才是很重要的。而对于个人来讲,被选也是很重要的,被选后能被用人单位留下来尤为重要。选才是门学问,而成为企业的优秀人才也是门学问。摆在现在即将就业和以后要就业的人面前的一个重要问题是:你如何被选中并被用人单位长期留下来?

我的回答是:好好进行个人职业规划;好好学习并积累一定的经验;走上工作岗位后,好好为我的目标而努力。

14.2 为何要进行职业规划

什么叫个人职业规划?个人职业规划,简单地讲,就是针对个人制定的未来行动方案,或者说,是当事人在内心动力的驱使下,结合社会职业的要求和社会发展利益,依据现实条件和机会所制定的个人化的实施方案。

当今社会发展突飞猛进,用"乱花渐欲迷人眼"来形容一点也不为过。当今社会不仅发展快、变化快,而且对人的要求也高。一个人如果要在高歌猛进的社会中实现自己的理想或者体现自己的价值,进行个人职业规划是很必要的。

乔治·萧伯纳说过,征服世界的将是这样一些人:"开始的时候,他们试图找到梦想中的乐园。当他们无法找到的时候,他们亲手创造了它。"这里,"梦想中的乐园"就是自己的目标。首先有目标,才能谈实现目标。由此可见,进行个人职业规划是多么重要。

也有人说:"正如一场战役、一场足球比赛都需要确定作战方案一样,有效的生涯设计也需要有确实能够执行的生涯策略方案,这些具体的且可行性较强的行动方案会帮助你一步一步走向成功,实现目标。"

有了目标,才会有前进的方向,才不会在社会大潮之中迷失自己。

14.3　谁轻谁重：社会需要和个人兴趣

要制定一份切实可行的个人职业发展规划,首先应考虑社会的需要,当然要兼顾个人的兴趣。

个人职业发展规划的制定,不仅要考虑自己的兴趣和爱好,更要适应社会的发展和时代的需要,也就是讲既要考虑个人这个小环境,做到因人而异,又要考虑社会这个大环境,做到和时代同呼吸,这样个人职业规划才能真正地做到有的放矢,在这样的个人职业规划的指导下,个人才会更有可能在事业上取得更大的成绩。

"成功的人生需要正确规划,你今天站在哪里并不重要,但是你下一步迈向哪里却很重要。"正确的规划是建立在对现实深刻认识的基础上的。对现实一无所知或知之甚少是做不出好的职业生涯设计的。

这里有一个有趣的故事：古代有两个人,一个人学修鞋,另一个人学修皇冠。学修皇冠的人成天笑话学修鞋的人挣不了大钱。出师后,学修鞋的人很快找到了工作,收入虽不太高,但足以养家糊口,而学修皇冠的人却没有找到工作！可见,面向社会是多么重要。

一个职业目标与生活目标相一致的人是幸福的,职业生涯设计实质上是追求最佳职业生涯的过程。只有进行个人职业发展规划,才能更明白自己想做什么,能做什么,社会需要什么。

明白社会需要什么,你就能抓住时代的脉搏,适应时代的要求。

明白自己想做什么,就会找到自己的兴趣所在,也就有可能把兴趣和工作结合起来,在享受兴趣中享受工作。

明白自己能做什么,会使你正确地评价你的实力,分析出你能胜任的工作。

从一定意义上来讲,从业时,自己能做什么比自己想做什么更重要。一个人的兴趣是变化的,10 岁时的兴趣和 5 岁时的兴趣是不一样的,而结婚前和结婚后的兴趣也可能不一样。我不是讲兴趣不重要,但敲开成功之门的是你的能力,兴趣是完成这一变化的催化剂。

人生需要目标,而个人职业规划就是你行动的指南。如果你不知道你要到哪儿去,通常你哪儿也去不了。

14.4　个人简介

　　我出生于江苏省徐州市铜山县一个农民的家庭。常言道："穷人的孩子早当家"，由于家境贫寒，使我过早地体会到生活的滋味。小学四年级就参与家里繁重的田间劳作，同时也养成了我对生活的自理能力。1983年，以铜山县利国乡厉湾中学应届生第一名的身份考上铜山县郑集中学（江苏省的一所重点中学），1989年考上中国矿业大学。1993年参加工作，任教11年，有丰富的工作经验和教学经验。工作后虽一直想考研究生，但受经济条件和各种因素的影响，一直工作到2004年才得以参加全国研究生统考，并以398分的高分（这也是清华大学工业工程系2004年研究生初试的最高分）被清华大学工业工程系物流管理方向录取。

　　高中期间，参加过全国数学和全国物理竞赛，并担任班干部。

　　在大学期间，我参加过中国矿业大学的英语和数学联赛，获二等奖。参加过两次迎元旦越野赛，分别获得二等奖和三等奖。

　　任教期间，与老师和学生的关系很好，并多次受到领导的表扬。

14.5　自我剖析

　　一个有效的职业生涯设计，必须是在充分且正确地认识自身的条件与相关环境的基础上进行。对自我及环境的了解越透彻，越能做好职业生涯设计。因为职业生涯设计的目的不只是协助你达到和实现个人目标，更重要的也是帮助你真正了解自己。

　　我认为我有以下优点和缺点。

1. 优点

　　（1）身体健康。在高中和大学时就养成锻炼身体的好习惯，因而身体很好。我坚信，身体是革命的本钱，一个人若没有健康的身体就什么也做不成。在高中和大学时，我养成了天天长跑的习惯，并多次在校内的长跑比赛中获奖。任教时，我也天天坚持锻炼身体。长跑不仅健全了我的体魄，还培养了我坚忍不拔的精神。

　　（2）成绩优秀，理论知识扎实。在小学和中学，多次是班里的第一名。我英语知识过硬，大学时，我以我们系第一名的成绩通过国家英语大学四级考试。2004年，我以优异的成绩被清华大学录取为研究生。

　　（3）性格开朗。我是个性格开朗的人，对生活持乐观态度。开朗的性格使我能从容地面对各种压力。在我任教期间,有几位同事参加全国研究生统考,考试时压力很大,因而成绩并不理想。我认为只有能承受压力的人才更容易成功。

(4) 懂得欣赏,欣赏别人,欣赏生活,也欣赏自己。我不是一个自以为每一方面都比别人强的人。这世上,有比你强的人,也有不如你的人。我时时提醒自己,要会欣赏别人,看到别人的优点,再学习别人的优点。例如,我们班上,高松的社交能力很强,值得我学习;刘萌很会从别人的角度考虑问题,也会由衷地夸奖别人,这也值得我学习;肖意生计算机知识很丰富,编程能力强,虽值得我学习,但我一时学不会。我也欣赏自己,欣赏自己使我在任何时候都不会妄自菲薄,更不会自暴自弃。欣赏自己使我认识到我也有比别人优秀的地方。

(5) 有一定的宽容能力。一个人应学会宽容。宽容是一个人最大的美德。正是我懂得宽容,我才会受到许多学生的喜爱。我的一些学生毕业后再遇到我时,总喜欢把他们工作中的酸甜苦辣告诉我。他们把我当作知心朋友。

2. 缺点

(1) 重理论,轻实践。我是一个很爱读书的人,深刻理解"知识改变命运"这句话的内涵。我受初中老师的影响较深。记得在上初二时,数学老师讲过一句话,"学好数理化,走遍天下都不怕。"这句话在当时是名言警句,它激励着我学好各门功课。但我发现我对实践的理解和重视程度不够,不能很好地把已学的知识好好地为社会服务。

(2) 虽然不胆怯,但从未主动找领导谈过话。除非领导找我或确实有事非找领导不可,我从未主动敲领导办公室的门,总认为这样做是不光彩的,有损自己的形象。其实主动找领导谈谈不仅会给领导一个好印象,让领导明白你很在乎自己单位的发展前途,你是关心集体的,你的工作是积极主动的,也会让自己很好地了解自己在领导心中地位,了解领导,了解自己单位的发展现状。

(3) 虽然会欣赏别人,但不会夸奖人。我是很能看到别人优点的人,但不会夸奖人,又担心夸奖别人,别人又会以为我言不由衷,很是尴尬。我有时认为夸奖别人有拍马之嫌。事实上,由衷地夸奖别人不仅会使自己更受大众欢迎,而且能学习别人的优点。由衷地夸奖别人首先证明你不是个唯我独尊的人,你能看到别人的优点。

(4) 有时应更加耐心一些。应记住,有许多事是急不得的。我不喜欢工作时拖拖拉拉,总希望尽快把工作做完。但和同事合作时,如果他们的速度过慢,我会催他们的。记得有一次我和一位同事一起合写一份文件,他的专业和我的专业虽有点近,但由于不是本专业,因而工作起来不是很入路,我有点耐不住性子,心里暗暗埋怨领导不会分配工作。

14.6　对就业环境的认识

要找到一份合适的工作,并达到理想中的成功,不仅要正确地认识自我,更要认清自己所处的大环境。

而今的时代是一个充满变革的时代,也是一个信息化程度空前提高、多学科交叉前所未有并时时充满创新的时代。人在这个日新月异的时代中,很容易落伍。

谁都知道,如今中国就业难,失业人口多。大学生就业也难。关于这点,我不用多说,下面我引用搜狐网站中"研究生就业:近100%就业率的背后"中的片段,来看看中国研究生的就业。

当'唯学历'时代逐渐远去,研究生这群'皇帝的女儿'突然成了'行走在尴尬地带的群体'。媒体时有报道说,因为眼高手低和高不成低不就,用人单位普遍对研究生信心不足。

与四五前年"硕士8000元,博士1万元"的普遍薪水期望相比,在严峻的市场竞争中,研究生们对薪水的期望值已经逐步趋于理性,绝大多数研究生把薪水底线放在2000~2500元,与本科生相比,相差不大。

从市场表现来看,研究生在毕业求职过程中,表现出独特的"就业特征"。归纳起来,优势有两条,劣势也是两条。

两大优势——专业知识和技能较强。与大专生、本科生相比,硕士和博士研究生在知识的深度、广度和技能的熟练程度等方面优势明显,特别是博士毕业生。而且,大多数研究生都有跟导师一起做课题的经验,理科研究生还有参与实际项目的经验,这些经验是弥足珍贵的,对求职有很大的帮助。很多大公司的技术研发岗位之所以青睐研究生,就是看中了这一条。

两大劣势——年龄较大,受家庭等牵绊的压力较大。按正常的入学年龄,本科毕业后直接考研的硕士研究生毕业时年龄差不多在25岁左右,而博士研究生则在30岁左右,一些在职考研的研究生毕业时年龄更大。华师大学生就业咨询服务中心屠雅琴老师表示,绝大多数研究生在就业问题上比本科生更需要考虑家庭、婚姻等生活上的现实问题,这也限制了他们在就业去向上的一些选择。

可以看到,和本科生相比,尽管研究生就业有些优势,但也不容乐观。因而,作为现时代的研究生,要降低优越感,加大紧迫感。要看到激烈的就业竞争,并争取在竞争中更加优秀,做一个有利于社会和无愧于自己所处时代的人。不要天天悠哉乐哉,认为自己是清华大学的研究生,"皇帝的女儿不愁嫁"。要时时以"自己是

清华大学的研究生"来激励自己,使自己在毕业时,无论是在学识还是在能力上要
与清华大学的牌子相称。

14.7　我所认为从业必须遵循的几个原则

(1) 既要考虑自己的兴趣,也要适应社会的需要。不要一味追求自己感兴趣
的行业。要知道社会是发展变化的,人的兴趣也是发展变化的。有道是计划不如
变化。没有永远的热门行业,现行热门的行业也未必适合你。自己的兴趣应随着
社会的发展而变化,以利于自己的工作。不要随波逐流,在社会的大潮中迷失
自己。

(2) 要有一定的知识面。仅有本专业的知识是不够的。你若想有作为,就不
能只会干一门工作。随着社会的发展,单位上可能会有新的职位出现,对于新兴职
位你既要能胜任,更要敢于胜任。新职位既是考验你的时候,也是展示你才能的
时候。

(3) 分清"怀才不遇"和"遇不怀才"。不要埋怨自己怀才不遇,相信是金子总
会发光的,当然,这需要时间和机遇。真正值得担心的是遇不怀才。比如,如果领
导让我干副总工程师,以我现在的知识和经验,我能胜任吗? 为防止遇不怀才,要
多积累知识、经验和能力。

(4) 先做老黄牛,再做千里马,有条件的情况下,当伯乐。

要做千里马,先做老黄牛。刚到一个新单位,谁相信你是匹千里马! 因而在新
单位首先要踏踏实实、兢兢业业、埋头苦干。用事实来说话!

先问一问自己,企业需要什么样的人才? 再问一下自己,我是企业需要的人才
吗? 最后问自己,怎样让领导相信我是企业需要的人才? 要记住,人才对企业来
讲,不是一张硕士或博士文凭,而是能踏踏实实为企业做事并能把事做好的人。

一个人职位高并不能说明他就是人才,人才是那些能够把事情做好、能够在自
己的岗位上做出成绩、能够直接或间接给企业创造利润的人。企业招聘员工,并不
是招最优秀的,而是招最合适的,有些人,他在这个地方可以做得很好,但在另外一
个地方却未必能做得好,所以,人才要在一个具体的情况下来衡量,不能因为他以
往的职位、薪酬或者学历有多高而判定他是人才。

要学会知人善用,善于发现别人的优点。如果你发现不了别人的优点,你就不
会成为一个好的领导。

(5) 不要把金钱当作衡量工作好坏的唯一标准。"Money is something, but
not everything!"现在的人往往把挣钱多少当作事业成功与否的重要标准,我认为

这是不妥的。

(6) Remember to smile! 要相信微笑有时比知识和经验更有力。微笑,对大多数人或所有的人微笑,并让他们感受到你的真诚。始终坚信,微笑具有"化腐朽为神奇"的力量。你会微笑了,你离成功也不远了。

(7) 要记住你不会是个全才,不会在每个方面都优秀。科技发展到今天,谁都不再会是全才!可能你比较优秀,但也只是在某个方面。尺有所短,寸有所长,要虚心向所有的人学习。

(8) 要有很强的敬业精神,努力做好本职工作。除非万不得已,一旦选定了东家,就忠于东家。当工作不如意时,不要先想到跳槽,要先重新审视自己。

(9) 不要为找工作而找工作。有许多人成天忙于找工作,应该承认,他们的面试能力确实很强,但要问一问只会面试的人能在企业中长久待下去吗?要为找到一份好工作而努力,但更要为好好地在单位中长久地工作下去而积累知识和经验。一个真实的例子:我的一个同事准备考研究生,由于工作忙,没太多的时间准备,但他很有毅力,即使在准备不足的情况下,他也参加全国统考,结果他的毅力帮助了他,连续考了几年之后,他终于被一家高校录取。说实话,我很佩服他的毅力,但我认为他不懂得"与其临渊羡鱼不如退而结网"的道理。我想,他若不是那么心急的话,不妨沉下心来,挤点时间,把基础打牢固些,可能他会提前一年考上呢。欲速则不达,为考试而考试往往通不过考试。找工作也是如此!

14.8 制定成功的标准

对于成功,各人有各人的标准。我的标准如下。

(1) 健康,包括身体健康和精神健康。这是一个人快乐幸福地活着的最基本的标准。要保持健康的心态,乐观,开朗,要能容忍别人犯错误,甚至能容忍别人对你的误解。只有精神的健康,身体才可能健康,而只有身体健康,才能做好本职工作。

(2) 和谐的人际关系。这对愉快并顺利地完成自己的工作很重要。要学会处理各种人际关系,不要把它当作负担,而把它当作乐趣。

(3) 一定的收入,但不要把眼睛只盯在钱上面。人是生活在现实中的,没吃没喝不行。首先要能养活自己,但不要求非常高的工资。毕竟,人不是金钱的奴隶。

(4) 在自己所从事的行业中有一定的影响力。

14.9   制定可行的择业目标

切实可行的目标是事业成功的一半,也是一个人人生成功的重要组成部分。

盖尔·希伊在《开拓者们》一书中,通过一份内容十分广泛的"人生历程调查问卷",访问了 6 万多个各行各业的人士,发现那些最成功和对自己生活最满意的人有一个共同的特点:他们都致力于实现一个其实际能力所难于达到的目标。他们的生活有意义,而且比那些没有长远目标驱使其向前的人更会享受生活。

我学的是物流管理,我想在这个领域有所成就。我做过 11 年的教师,有一定的教学经验,综合现今的国内就业大环境和我的比较优势,我心仪并坚信自己能胜任的未来职业如下。

(1)高校教师,最好是一家煤炭高校,这样我可以为祖国的煤炭事业而工作。我大学本科就读于中国矿业大学,矿大教导我要热爱祖国的煤炭事业,母校的教诲我没有忘记。

(2)物流科研人员。

(3)专职物流培训师。

我希望自己能在物流领域有所建树,以自己的学识推动中国物流的发展。若有可能走到领导岗位时,自己会是位合格的领导。

14.10   步骤

1. 读研这两到三年期间

胡震在《管理时日谈》中讲到:"在知识爆炸的今天知识经济已经向我们走来,没有很强知识的人是难以适应当今的潮流,掌握知识,你就掌握了未来。"

努力学好专业知识 ,学好外语,并涉猎相关专业,有机会多听名家讲座,拓宽自己的知识面。时刻牢记"国际化、复合式",使自己成为"国际化、复合式"的人才。所需的知识如下。

(1)外语。当代社会是一个开放式、国际化的社会,没有过硬的外语知识,就不可能面向国际,更不要谈走向国际了。要在听、说、读、写、译各方面提高自己的外语知识。

(2)物流专业知识。专业是自己的立身之本,没有过硬的专业知识,就不可能完成本专业的工作,就会使自己的工作陷于被动。领导以为你没能力,同事会以为你没水平,你也会对自己没信心。

（3）计算机知识。不会用计算机就是信息化时代的文盲。现在哪家单位不用计算机处理日常事务！

（4）管理知识。要有一定的管理方面的知识,要善于被别人管理,当然,也要懂得管理是门艺术,要学会这门艺术,学会高效地管理别人,为自己走向领导岗位打下坚实的基础。

（5）运筹学。运筹学是我们专业的基础课,不仅对物流优化至关重要,而且对于高效的进行现代管理大有帮助。

......

要多去去图书馆,多看物流方面的杂志,跟上中国现代物流发展的步伐,要使自己的知识既有很强的理论基础,也要有很强的时代气息。

要重视管理经验的积累,积极参加集体活动。要明白,许多事是由大家共同完成的。要把自己融入到班集体中,学会高效地与别人合作。我现在是班上的生活委员,我非常感谢班主任老师给了我这个锻炼自己的机会。好几次班里的活动我都积极参与组织工作,既为大家服务,也使自己得到锻炼。

自己以前在公众场合发言不积极,我要努力改正这个缺点。在大课上,我要积极思考,敢于提出问题,给自己争取在大众面前发言的机会。

要懂得如何赞美别人是一种艺术。我要学会由衷地赞美别人,而不是违心。有时自己说话直来直去,尽管没有恶意,但总有许多不妥。以后要多看到别人的优点,并试着赞美别人。即使在告诉别人他的缺点时,也要委婉些,要让他知道,我很欣赏他的某某优点,使他明白,我是一个容易相处、易于合作的人。

要彻底改变不重视实践的思想,要明白知识来源于实践,并且知识只有用到实践中才有顽强的生命力。要多参加社会实践,争取多到企业当中去,获取第一手的感性认识和较实用的理论知识、技能。

在班上,我是老大哥,我要把同学们当作弟弟、妹妹来看待,学会关心他们。相信付出总有回报,只有你真的关心了别人,别人才会关心你。

另外,我还要积极配合班主任、班长和其他班干部,把班级工作做好。争取把我们班建设成一个充满活力、奋发向上的班集体。

研究生毕业后,我争取能攻读博士,并在读博士前找到东家,希望在读博士就能就业,以自己的所学服务社会。

2. 在走上工作岗位时

首先要给自己单位把把脉,认清自己单位的性质,找准自己单位的发展方向。

最好能及时了解本单位的近期目标和长期目标,以免使自己的理想和愿望与自己的单位的要求南辕北辙。要及早地熟悉新环境,要和早入职的新同事多多交流,及早融入到他们当中。要记住,新单位就是你的新家,你应该喜欢它、热爱它,并且是由衷地、发自肺腑地热爱它。

不要和读研时的同学断了联系,同学感情弥足珍贵。同学是你比较可信的人,你可以向他们讲讲你最近的成绩,也可以向他们倾诉你向同事和领导倾诉不了的东西。另外,同学去了各行各业,你和他们有联系,就是和各行各业有了联系。不要和同学比工资,也不要因自己的工资比同学低,就断然认为自己的单位比同学的单位差。

不要两天得不到提升就埋怨领导没眼光。要有耐心,相信自己的能力,相信领导的眼力,相信时间的检验力。首先就要在内心处认为,我不比别人差,甚至在某方面我比别人优秀。相信领导走到现在的岗位凭的是能力,相信领导是伯乐,会甄别优劣。要相信时间的作用,也要学会等待。不要羡慕到单位不久就得到重视的人,永远不要羡慕别人,因为你是你自己。

要明白怎样才能让领导相信你是人才。仅仅靠一张清华大学的文凭是远远不够的,要从清华大学的光环中走出来,要把清华大学的卓越和自己而今的不卓越区分开来。要记住,你的人生之路是你自己走出来的,而不是清华大学给你铺就的,清华大学最多给了你一个火把,给你前行时照照明。不要比别的院校毕业的同事有优越感,优越感会消磨你的竞争力。要明白什么是单位的人才。《广州青年报》前程招聘专版上讲:

美国友邦保险有限公司广州分公司总经理黄宝亨认为,人头并不就是人才。一个人职位高不能说明他就是人才,人才是那些能够把事情做好、能够在自己的岗位上做出成绩、能够直接或间接给企业创造利润的人。企业招聘员工,并不是招最优秀的,而是招最合适的,有些人,他在这个地方可以做得很好,但在另外一个地方却未必能做得好,所以,人才要在一个具体的情况下来衡量,不能因为他以往的职位、薪酬或者学历有多高而判定他是人才。这段时间,要求重视人力资本的概念被炒得热火朝天,人人都讲"以人为本",但目前企业识别人才,主要还是看简历、看学历、看面试情况。学历仅能说明一个人具有某一学习经历,或者说具有某一专业系统知识的可能性,但具体岗位对人才都有特定的素质要求,如有的重视研究能力,有的重视公关能力,还有的重视组织能力,而这些都是学历无法反映的,这就要求要具体问题具体对待。他认为,什么是人才?对企业而言,人才就是那些企业不愿意失去的、有突出贡献的、能圆满完成任务的人,只要他能为企业创造价值、能够促进企业的发展,他就是人才。而不是笼统地说具有知识(包括学历)、经验、技能、能力、创造性就是人才。因而要务实,要做大事就要先做好手头上的小事,要先在小事上锻炼自己,不要好高骛远,小事不屑做,大事又做不了。要记住,企业的人才永远不会是也不可能是才高八斗学富五车的奇人,而是那些肯为单位工作,又能把工作做好的人。

要坚信清华大学"行胜于言"的校训。坚持从最基层做起,从小事做起。要先做了再说,不要先说后做,或只说不做。

要有很强的责任感,要勇于承担责任,不要推卸责任。要知道,一个没有责任感的人是不值得别人信任的,当然也不会得到重用。

要热爱集体,也要关心同事。在关心与被关心中增加自己的亲和力和凝聚力。

要有持续学习的精神。要明白只有保持"终身学习"的良好习惯才能适应社会的进步和科技的飞速发展。在工作之余,多看看与自己的工作相关的知识,掌握行业发展动态。而今的社会是个瞬息万变的社会,不重视持续地给自己充电,就会很快落伍,就会很快被社会淘汰。

如果可能,最好单位每年能给我一小段时间进修。要及时和领导沟通,让领导知道我是个热爱学习、勇于追求的人。

有计划地读一些与自己工作相关的英文资料,了解国外发展的动态,以便更好地服务自己的单位。

要有很强的合作意识,积极与单位中的所有人进行合作。在现代社会,人与人、企业与企业、行业与行业之间,没有合作难以做事、成事,更难成大事。只有成功的合作、开放的胸襟,才能成就一番事业。

注意积累工作经验和管理经验。对于个人来讲,经验是向上发展的踏脚石。

如有可能,在3~5年内,得到小的提升,就算达到自己预期的目标。然后在这个基础上前进。

14.11 行动

谨记"Actions speak louder than words"这句名言。

计划或者说目标和幻想是根本不同的,其不同在于:目标是真实的、切合实际的,你也应该为之努力地规划,而幻想是虚无缥缈的,不切实际的,你不想为之努力,或者你即使为之努力也不会达到预期结果的海市蜃楼。

你若不为自己的目标行动,你的职业生涯规划就退化为幻想。

要忠于自己的计划,立长志,而不要常立志。要"日三省我身": 我为自己的目标奋斗了吗? 我今天有何收获? 我今天的工作有何可以改进的地方?

也许有人认为,我的计划中缺少雄心壮志,没有清华人应有的凌云壮志。但我认为,清华人一向以"严谨、求实"而著称,只有踏实地去奋斗,才能实现自己的理想。

让事实说话,用行动证明!

第 15 章

首席技术官

陈 薇

15.1 职业生涯设计的重要性

在我正在构思这篇论文的时候,闲逛到水木清华 BBS 的 Career 版上看到了这么一个新闻,标题触目惊心——《毕业即失业,北师大毕业生喝农药自杀》。一个贫寒子弟,当年以优秀的成绩考入北京师范大学的管理学院,在镇上引起了轰动。没想到却在 4 年之后,由于定位不准,简单地说就是想去的单位不要他,要他的单位不想去,在职场角逐中屡屡受挫,从小学开始一直一帆风顺的他在跨入社会的第一步就遭受了前所未有的挫败,回家后愧对父母家人而自杀身亡。

看到这个悲惨的案例,我在叹息一个生命如此轻易地选择消逝的同时,同样对我们这些象牙塔的大学生感到担心:在这个对人才的要求越来越高的社会,我们拿什么让 HR 们给我们满意的职位和薪水?有道是未雨绸缪,提前有针对性地对自己日后的发展方向进行深入的思考和计划并且开始有目的地提高自己各方面的素质绝对是必要的,以免毕业了临时抱佛脚后悔当初怎么没那样或者找了一份自己不适合、不喜欢的工作。其实,不仅是大学生,每个人都需要了解自己适合什么样的工作,以及如何实现自己的目标。

15.2 如何进行职业生涯设计

明确了进行职业生涯规划的必要性和重要性后,我们应该从哪些方面开始着手呢?

(1) 自我定位。每个大学生对自身都要有一个客观、全面的了解,摆正自己的位置,相信自己的实力。现在有很多高校毕业生就业的时候,在用人单位面前缺乏勇气,对比较有把握的事情总是不能大胆接受,尤其是对一些自己向往的高职、高薪的单位缺少竞争的勇气,从而丧失理想的就业机会。清楚自己的优势与特长、劣势与不足,知道自己适合做什么,只有这样才能赢得竞争。为此,我们首先要准确地评估自己掌握的知识和技能;其次要善于剖析自己的个性特征,这是职业生涯规划的基础。可以先进行一些比较权威的职业测评(可以找负责就业工作的老师推荐),对自己的个性以及适合的工作类型有一个清楚的了解。比如清华大学就业中心提供的那个职业测评就比较准确。本文开头提到的那位自杀的大学生,明明自小内向,却要选择一个需要外向性格的专业——管理,就有点欠考虑的,我们不能看着什么专业热门风光就选择它,首先要"认识你自己",找准自己的位置。

(2)确定职业目标。许多人在大学时代就已经形成了对未来职业的一种预期,然而他们往往忽视了对个体年龄和发展的考虑,就业目标定位过高,过于理想化。近几年,不少毕业生在职业选择中一直强调大单位、大城市和高收入,甚至为了这些不惜放弃个人的专业特长,不顾个人的性格和职业兴趣。同样,对于那些存有"这山望着那山高"心理的学生,也是职业目标不确定的一种表现。盲目地攀高追求与选择不仅影响个人目前的就业,同样会对个体以后的职业发展造成不利的影响。每一个人都应该知道自己在现在和将来要做什么。对于职业目标的确定,需要根据不同时期的特点,根据自身的专业特点、工作能力、兴趣爱好等分阶段制定。未来无法预期,人的想法也会发生变化,但是还是可以对自己未来的发展方向有一个大概的估计和规划。

15.3　个人成长经历

我出生在湖南省的一个农村地区,家庭境况在当地算一般,属于那种比较节俭但还能过得去的家庭。爸爸、妈妈是忠厚善良的普通人,他们诚实劳动、宽厚待人,给予了我无私的爱以及做人的榜样。我从小就是一个内向、不张扬的孩子,做事情很认真,但是不喜欢表现,也不善于交际,为此爸妈一直说我嘴不甜,担心我走上社会后会吃不开。我一天天地长大了,仍然是一个不爱打扮的羞涩女孩,但是成绩却一直名列前茅,高考时如愿以偿地进入了清华大学电子工程系学习。清华大学的电子系历来就是一个高手云集的地方,这里集中着各个省市最顶尖的学生,当时我们班上共有各省市状元 6 人,而我连全省前十名都不是,这让我觉得压力非常大。初进大学校园,我对一切都感到很好奇,很积极地参加各种协会,不免在学习上有所分心,学期末的成绩单惨不忍睹,一向自信的我第一次在学习上遭受到这么大的打击。有了这次教训,我开始把绝大部分的时间用于学习上,以至到了大学四年级对北京城还不是很熟悉。四年的刻苦学习使我的专业基础打得很扎实,我也渐渐地喜欢上了自己的专业——电子信息工程,在本专业的很多方面都有涉猎,让我对自己将来能成为一个优秀的 IT 工程师信心百倍。为了进一步提高自己的专业水平,大学毕业后我选择了读研究生,希望将来能更好地工作。

大学四年的生活不但增长了我的智慧,也使我的性格有了极大改变:我不那么内向了,和周围的人都能相处得很融洽,毕竟以前的我虽然内向,但是我一直很为别人着想,经过大学四年集体生活的历练,我也渐渐学会了向别人表达自己的关心,因此得到了不少好朋友;我也不那么羞涩了,可以口若悬河地和别人争辩,即使对方是我的老师,还可以当学校的小记者做采访;我最大的改变就是心态上,我不再执着于考试成绩而更多地考虑发展自己的创造力和想象力,我广泛阅读各种书籍,尤其是专业相关的,还曾经把自己各种稀奇古怪的想法记下来,希望将来的某一天我能真的实现它们。

15.4 我的性格特征分析

我做了清华大学就业中心提供的测评(这个测试的人格依据是著名心理学家卡尔·荣格的 MBTI 人格理论,现在广泛应用于公司招聘以及个人的职业生涯设计方面),根据平时对自己的认识,这个测试基本上很全面地反映了我的性格特征。

MBTI 的人格类型分为 4 个维度,每个维度有 2 个方向,共计 8 个方面,即共有 8 种人格特点,具体如下。

(1) 我们与外界相互的作用方式:(E) 外向——内向(I)。

外向(E):关注自己如何影响外部环境,将心理能量和注意力聚集于外部世界和与他人的交往上。例如,聚会、讨论、聊天。

内向(I):关注外部环境的变化对自己的影响,将心理能量和注意力聚集于内部世界,注重自己的内心体验。例如,独立思考,看书,避免成为注意的中心。

我属于内向型。曾经最喜欢的事情就是一个人躲在房间里看书,思考,漫无边际地想象。现在我开始偏外向了,变得喜欢和朋友在一起,喜欢表现,当然内心深处我仍然向往着那一份平静和安宁。

(2) 我们获取信息的主要方式:(S) 感觉——直觉(N)。

感觉(S):关注由感觉器官获取的具体信息。如看到的、听到的、闻到的、尝到的、触摸到的事物。例如,关注细节、喜欢描述、喜欢使用和琢磨已知的技能。

直觉(N):关注事物的整体和发展变化趋势。侧重灵感、预测、暗示,重视推理,例如,重视想象力和独创力,喜欢学习新技能,但容易厌倦,喜欢使用比喻,跳跃性地展现事实。

我属于直觉型。从小我的思维就比较活跃,在学习上喜欢把握方法和脉络,而讨厌纠缠于某一方面的细节,很多时候都会有新鲜的想法,这可能说明我适合于做一个总设计师。

（3）我们的决策方式:(T)思考——情感(F)。

思考(T):重视事物之间的逻辑关系,喜欢通过客观分析做决定。例如,理智、客观、公正、考虑,考虑行为对事情的影响。

情感(F):以自己和他人的感受为重,将价值观作为判定标准。例如,有同情心、善良、和睦、善解人意,考虑行为对他人情感的影响。

我属于思考型。我重视规则的作用,希望对一切事情都知根知底,不喜欢跟着感觉走的做事方式。

（4）我们的做事方式:(J)判断——知觉(P)。

判断(J):喜欢做计划和决定,愿意进行管理和控制,希望生活井然有序。例如,重视结果(重点在于完成任务)、按部就班、有条理、尊重时间期限、喜欢做决定。

知觉(P):灵活、试图去理解、适应环境、倾向于留有余地,喜欢宽松自由的生活方式。例如,重视过程,随信息的变化不断调整目标,喜欢有多种选择。

我属于知觉型,思维比较灵活,讨厌一成不变的生活和工作方式。我很尊重别人的选择,不愿意过多地干涉别人;也很容易适应新的环境。

最后总结了一下自己的优缺点。

（1）有逻辑性,善于处理概念性的问题,且有很强的创造灵感,对发现可能性更感兴趣。对细节性强、枯燥、要求很高条理性的工作不感兴趣。

（2）喜欢挑战和解决别人认为很难的事情,有很强的好奇性,对自己未知的领域总是怀有强烈的探索精神,但是不能持久,兴趣广博而不能持久是我的最大死穴。

（3）非常独立,有批判性和怀疑精神。这是一个研究人员必备的品质。

（4）做事有热情和干劲,但是不太冷静,过于激进也是我的一大弱点。

（5）不善于与人打交道也不喜欢与人打交道。说话直来直去,容易得罪人,较少考虑别人感受,我可能很难成为一个好的管理者。

（6）有点优柔寡断,不是一个优秀的决策者,而更适合于做一个执行者。

（7）有点过分追求完美,一点点小小的瑕疵就会困扰我很久。

（8）自信心不强。这一点也是我的死穴之一。也许是小时候父母不善于进行启蒙教育决定的,他们老是觉得我比其他小孩差,经常打击我,让我变得敏感而且多疑,好胜心强而且有点自卑,过分在意别人对自己的看法和评价。上课时发言也不太积极,明明想出了一个答案,却害怕是错的不敢举手回答。

15.5 我目前的职业生涯规划

总的来说,我的性格特质非常适合于在那种需要创造型、思考型的工作岗位,比如技术领域。我本科学的是电子信息工程,是当今最活跃的科技领域之一,研究生将专攻网络,将来的工作很可能与技术相关,这让我很庆幸一直以来都在走一条适合自己的路。我对自己未来的职业发展做了如下规划,当然越远的将来规划得越模糊。

(1) 未来两年,在研究生阶段,专攻一个重要课题,争取在这一领域有独到的思想和创新,至少发表三篇高水平的学术论文。但是除了学术方面外,实践方面也必不可少,因为我并不打算在高校或研究所工作,而是进入企业长见识,了解一个现代企业的运行机制,我还是希望有机会自己创业的。所以我不会放弃好的进企业实习的机会。

(2) 工作前5年,希望能够进入一家业界顶尖的公司,如 Cisco、IBM,尽量从底层干起,积累经验。我会希望尝试一些不同的职位,不光是为了满足自己的好奇心和成就感,也是希望了解顶尖的公司是如何运作的,为创业打下基础,因为创业之初一个人很可能要承担起好几种类型的工作,有了经验就好办了。我这些年会尽量节省每一分钱,要攒下一笔用于创业的启动资金,因为现在的风险投资基金一般不希望你"空手套白狼"。如果我毕业后一开始就创业,一是没有商业运作的经验;二是没有启动资金。

(3) 开始创业,找准一个有较大发展潜力的方向开始创业,开始我会承担公司的管理工作,因为公司小比较好办,而且如果有风险投资介入的话,投资人也会提供专业的管理服务。但是我相信自己的特长始终在于新技术的探索方面,我觉得自己更适合做一名技术官,不是管理者或技术员。我比较有创造力,能够提出一些有价值、有创新的方向和思路,但是不会纠缠于细节,也没有耐心去一一将各个细节实现。我最后而且最好的位置是做公司的技术领袖,而不是一个决策者和管理者。公司发展壮大后我会退出领导岗位,请专业的职业经理人领导公司。

(4) 一直有这样一个想法,一个人到了功成名就之时应该把自己的人生经验和体会与下一代人交流,毕竟人类的文明之火就是这样一代代传承下去的。我想等自己的公司稳定后,自己也在技术界有了一定声誉之后去大学当一名教师,分享自己多年来的成功和失败,探讨人生的意义和价值。

这就是目前我希望的自己的职业发展路线,当然,将来可能会遇到很多意想不到的事情,比如创业失败了怎么办? 我想以我的性格,一定是先工作一段时间,找出失败原因后卷土重来。人的一生不可能一帆风顺,我过去的生活一直比较稳定,很少有什么大的挫折,这也是我一直担心的问题,害怕自己走上社会后发现工作和生活不符合自己的期望,像那个北师大的同学一样陷入困境,无法自拔。所以我要从现在开始尽早地接触社会,早一点对校园以外的世界有一个较为客观、真实的评价,以免自己的预期与现实相差太远。

我的座右铭是"达则兼济天下,穷则独善其身",我一方面强烈地希望自己能有所成就,可以为社会,特别是弱势群体造福,我一直记得清华大学寄予我们的厚望:"我们是要为社会创造就业机会而不是去占据就业机会的";另一方面,我也对自己可能会成为一个普普通通的人有所心理准备,即使没有什么成就,我也要快快乐乐地生活,做好自己的本分,尽我所能给周围的人带来关爱和幸福。

［王老师点评］

你最期望的职位是企业的 CIO(首席技术官)。这就要求你对技术的发展有很强的前瞻性,对于项目管理、人际协调有很强的能力。

外企在招聘的时候对于你在学生时期是否积极参与一些实践活动、表现出一些它们所期望的精神比较看重。飞利浦电子中国集团人力资源副总裁徐承楷就说过:飞利浦对硕士生的要求,通常是他先前有过一段工作经历,也就是说,他在本科毕业后,工作过四五年时间,再读研究生,我们比较欢迎这样的应聘者。如果应聘者属于本科毕业后直接读研究生的情况,那么他应聘成功的希望比较小。对于本科毕业生,就没有这样的要求。

飞利浦公司的人力资源部门有一套完整的招聘手册,在这个手册上,有衡量人才的各类指标,通常包括两方面:一是经验,二是能力。对于本科毕业生,我们没有经验的要求,只考核能力。重点在他们的潜能,通过询问一系列问题,我们可以知道他如何思考、如何表达,他有什么样的性格和个性。他是唯唯诺诺,还是慷慨激昂;他是墨守成规,还是积极上进;他是喜欢服从上司,还是喜欢独立创造;他是对生活充满激情,还是为了工作而工作。这些都可以通过问题得到答案。

而对于研究生,飞利浦则有经验要求。他曾经在哪个公司工作过?工作了多少时间?工作水平如何?通过这些可以看出他是否具备相关的工作经验。如果一个人在微软公司工作了 5 年以上,他的工作经验应当是比较可信的,因为我们对微软公司的管理十分了解。反过来,如果一个人频繁跳槽,在每个公司工作的时间都很短,我们则对他是否具有丰富的工作经验持保留态度。对于能力,我们考核的内容包括专业能力、领导能力和沟通能力。

飞利浦公司通过这些工作岗位大致分三类:一是工程技术类,包括研究开发、设计生产、质量管理等,应聘这些工作,一般而言,工业工程、电子工程、自动化专业毕业的学生更有优势；二是工商管理，包括销售、市场、人力资源、财务、信息技术，应聘这些工作，专业技能并不十分重要，个性、团队精神、人生态度则更为关键；三是律师，飞利浦拥有很多智慧财产权，要维护专利权，必须有大批律师在公司中与技术人员保持密切沟通。

对于大多数岗位，飞利浦是要考核领导能力的。飞利浦将领导能力分为4个层次。对于不同的职位，有不同层次的领导能力要求。举例来说，经理层职位，需要一级领导能力，总监职位需要二级领导能力，总经理、执行官则需要三级领导能力。

在所有面试中，我比较喜欢问的问题是，你觉得做得最让自己满意的事情是什么？最窝囊的事情是什么？回答这个问题，可以看出对方是否坦荡，是否具有诚信度，是否愿意接受批评和挫折，是否具有耐压力等。另外，我还会问一些很简单的问题，看看他的反应能力，一般问题并没有什么标准的答案。

很多人觉得500强企业的面试很神秘，为此在应聘前花很多时间准备，学习各类面试技巧，帮助十分有限。有一些东西是可以人为掩饰的，比如，面试时的穿着、礼节、准时等，但有些是掩饰不了的。你可以为面试做准备，但是这只能反映你对招聘的态度，而不能反映你的人生态度和工作热情。这是两码事。有经验的招聘官，其工作就是剥去你的"伪装"，寻找真正适合企业的人选。我常建议前来应聘的人，最好的办法是表现最自然的自己，不要为找一份工作而刻意改变自己。要让招聘官看到真实的你，选择真实的你。如果你都不是真实的，那么被选中的你，有可能走错人生道路。人在找事，事也在找人。即便你在应聘过程中暴露出很多缺点，但是，这比在以后暴露要好得多。如果公司认为你有缺点，但优点也十分明显，那么公司聘用了你，会有针对性地设计培训，弥补你的不足。

现在有的学生被企业的各类要求弄得无所适从，他们在大学期间拼命地考各类证书，不断参加社会实习，其实"填鸭式"的学习是大可不必的。那么多考证其实是因为学生们希望走成功的捷径。而事实上，人生没有捷径可走，职业生涯和求学生涯一样，要求每个人必须有敬业的精神和态度。作为大学生，学习是首要任务，自然就应该好好读书，当然，这不是指单纯的书本知识，而是掌握读书的方法，形成好的思考方式，而不是一些形式上的东西。我刚才说过，飞利浦公司不在乎本科毕业生的经验，也不看重学生有多少证书，而在于他是否有强烈的工作兴趣和热情，有没有积极的人生态度。

与国外大学生相比较，国内大学生的明显优点是可塑性很强，素质高，对工作总体而言很负责，有接受挑战的精神。我曾经与荷兰总公司谈论过这个问题，就是目前进入飞利浦公司的中国大学毕业生，其最初的职位等级要比国外大学生低一级，我觉得在如今这个时代，已经不能适用了。由于社会发展速度很快，我们每个年轻人对未来都充满了憧憬,对职业领域的第一份工作都十分珍惜,但不知道是不是竞争过于激烈的缘故,我们的大学生普遍身处于一种充满压迫感的环境中,他们工作战战兢兢,缺乏足够的自信心,不能十分放松地投入工作,这影响了他们的成长。另外,他们的表达能力和国际视野普遍较弱,书呆子型的学生还是比较多①。"

　　但是从你的计划里面没有反映出你曾经参加过这样的活动。如果确实没有,建议你在研究生时期可以加强。

---

　　① "求学生涯与职业生涯是一体的",《上海教育》,冰启,2004 年 7 月 6 日。

第 16 章

大学校长、副部长、企业总裁

高　松

我的职业生涯流程如图 16-1 所示。

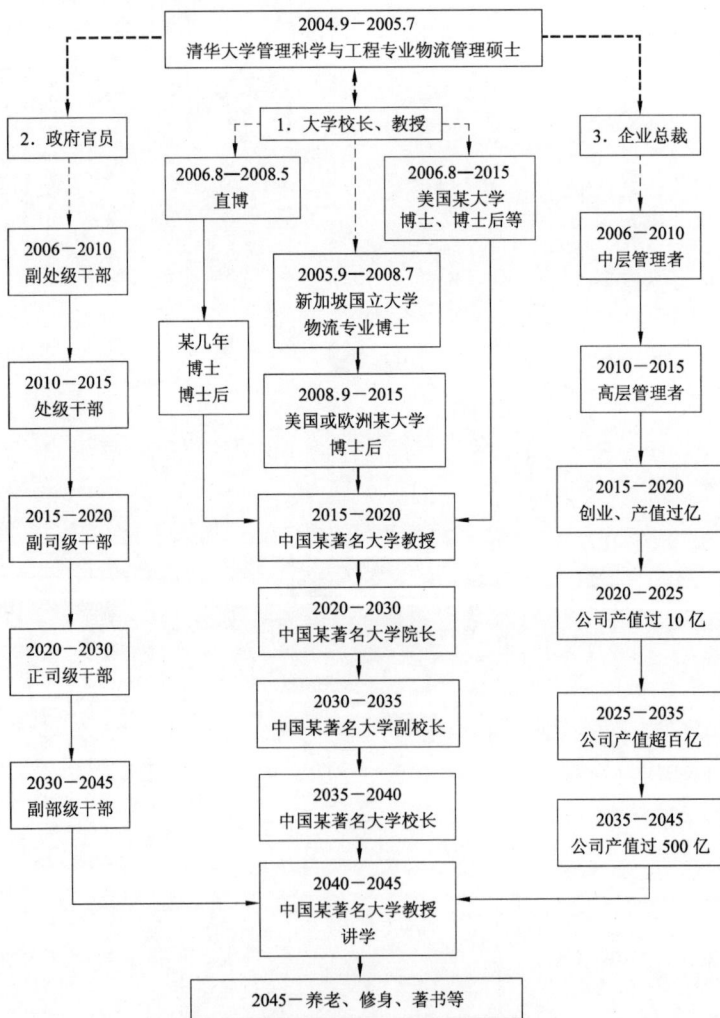

图 16-1　我的职业生涯规划流程图

16.1　知己知彼

我的世界观、价值观：追求卓越,实现个人价值的同时实现社会价值;无神论者,自然相信世界是物质的;相信付出就有回报,为了理想要不懈地努力;道义论者。

我的兴趣、爱好：我喜欢音乐,常常戴着耳机听喜欢的歌曲,陶醉在音乐的天堂里;我也喜欢运动,健身、游泳、篮球、乒乓球、羽毛球等;爬山、游玩能带给我精神倍儿爽的快乐;下棋、玩游戏能让我去思考、放松,锻炼眼力和判断力;自然,每天网上冲浪,时常关心国家大事、国际要闻是我必需的"功课",另外,收集感兴趣的和专业有关的资料信息也是上网必做的事情。还有,喜欢看经济管理方面的书籍等。

我的性格：我是东北人,正直、直接、直率、坦诚、热心是我的性格,此外我也很随和、谦让;有时,也会变通地做事。

我的特长：想了又想,觉得我的计划、组织、宣传、管理能力应该算是特长,我做事情是很有热情的,很细心,也很执着,每次自己负责的任务尽力完成得漂亮;我曾在大学时代担任过学校演讲与口才协会会长,虽然说我的表达能力并不是很强,但是说话的勇气还是有的,有与人交往、沟通、办事的技能;我喜欢创新,我常常喜欢尝试新的方法、新的创意去做事情。

我的知识、技能：我大学本科学习的专业是交通运输,对于铁路运输组织和管理有比较深入的学习,对公路、水运、航空及管道运输也有所涉猎;本科阶段学习过的管理类课程有管理学、基础会计学、财务管理、管理统计学、资产项目评估、运筹学、市场营销学等;专业课程有运输组织学、车站与站场枢纽、公路与水路运输、国际货物运输、危险品货物运输、城市轨道交通、交通规划、系统科学等;基础课有高等数学、线性代数、数理统计、组合数学、模糊数学、大学英语、各类政治课等;选修课程有计算机基础、Java 语言、计算机软件、计算机硬件、数据库 FoxPro、中级英语口语、企业家创新、创新工程、公关礼仪、应用文写作等。

毕业后,工作过数月,对如何找工作、找什么样的工作以及如何面试和工作有较深刻的经验和领悟。

目前是清华大学管理科学与工程专业硕士研究生,学习物流管理方向。希望通过 2～3 年的学习,掌握扎实的物流管理知识,懂得一般的物流经营管理操作,熟练进行物流系统的规划、设计,有一定解决实际问题的能力等。

技能方面,学习能力和动手操作能力比较强,善于表达。外语水平呢,虽然过了英语六级,但是口语、写作水平一般,需要加强。计算机能力方面,能熟练使用办公软件,熟练操作计算机;但是对编程方面很差,希望通过学习,掌握基本的编程和开发程序的方法。管理能力方面,打算通过组织参加校内外活动、参加社会实践、做项目等提高管理能力,增加管理经验,并能在新的环境里快速适应并能承担一定的管理任务。

喜欢管理科学。

1. 我的社交能力

俗话说,人以类聚,与北方人容易接触,交往起来不用太费心思,所以我的大部分朋友都是北方人,以东北人居多;至于说要投其所好,可能还要看自己能不能接收"其好"了,所以对于某类人,如太世故、心思叵测的人,交往起来有困难;不过,对我来说,不管与谁交往,自己一定要真诚。

2. 我的劣势

(1) 心太软。常遇到乞讨的老人和小孩,当我看到他们衣衫褴褛,面容可怜,常会心头一痛,给他们点儿钱,虽然自己没钱。如果有人请我帮忙,不管是朋友还是陌生人,我都很热心地帮助他们,即使我有事,也会尽力帮他们想办法。

(2) 毅力不足。人最怕没毅力,常常为自己制定目标,刚开始的时候很认真、很投入,没过几天就开始松懈了,这是我最大的弱点,也是大多数人的弱点,希望在以后的日子里不断磨炼自己,锻炼出百折不挠的精神和毅力。

(3) 目标不明确或可行性差。有人说,天有多大,心就有多大;还有人说,心有多大,舞台就有多大;而我自己是目标远大,可行性却差。给自己订的目标往往过高,本想对自己高目标、严要求,可是常常因为动力不足,兴趣渐渐消退。或许是根本没有正确的目标。这个缺点要改,这次定的职业生涯规划是经过再三思考确定的,我会不断努力,改掉这个毛病。

(4) 交际能力不令自己十分满意。与人交往的时候,不是很容易辨清她(他)的喜好,由于经历、习惯不同,会使双方产生距离。

(5) 考虑问题不是很全面。可能是和从小到大所受的教育和接触的社会风气有关,往往做事情注重形式,忽略内容。

16.2 社会环境及人才需求

当代社会,竞争激烈,社会在快速地变化。

首先,随着经济的快速发展,国家对高层人才的需求越来越强烈。这几年本科和研究生招生人数逐年增加,报考人数也急剧递增。因此,产生了多数高校在盲目扩招时导致师生比例严重失调。此外,各高校对高水平高素质的教师需求旺盛,为快速提高师资力量,渴求高层次知识分子的加入。因此,我认为,在以后相当长的阶段,高校对顶级人才的需求是紧缺的,需求量很大。

其次,由于历史和以往人事制度的原因,政府部门缺少适得其位、爱岗敬业的官员,也缺乏廉政高效、科学民主的制度和氛围。从目前发展的形式看,政府需要有志于政府工作、有能力的人才。我也想在这方面有所发展。

再次,中国经济蓬勃发展,外资经济及有外资背景的企业占有重要比重,它们掌握了主要的技术并控制着很大的市场,中国对国外的资本依赖、技术依赖和管理经验的依赖都很强。中国要强大需要有自己的掌握高精尖技术和优秀管理的民族企业,需要有能与世界大公司相抗衡的企业,只有这样,中国才能真正强大,不会受制于人。目前,各类公司企业都紧缺高级管理人才,中国的市场环境也为创业者提供了广阔的舞台。

16.3　职业定位

1. 大学教授、校长

因为高校对高层次人才狂热需求,加之我本人也十分想在高校中教书育人,做研究工作。还有,希望能通过努力,把我的大学理念应用于实践中去,所以希望在当一名优秀的教授的同时成为优秀的校长。

2. 政府官员

中国的官场十分复杂,想要当好官又能芝麻开花节节高,是十分困难的。虽然这条路不好走,如果有机会,我还是愿意去尝试。

3. 企业总裁

至于企业总裁,我想中国是需要自己的创业者,需要优秀的民族企业,需要自己的拳头产品,需要自己特色、得到广泛认可和接受的管理模式及经验。我愿意做一名优秀的创业者、企业家。

16.4 职业生涯详细设计

16.4.1 方案一：大学教授、校长

同样是达到目的,但是有不同的途径。

第一条路:清华大学管理科学与工程研究生(2004.9－2005.7)→新加坡国立大学物流专业博士(2005.9－2008.7)→美国或欧洲某大学博士后(2008.9－2015)→中国某著名大学教授(2015－2020)→中国某著名大学院长(2020－2030)→中国某著名大学副校长(2030－2035)→中国某著名大学校长(2035－2040)→中国某著名大学教授(讲学)(2040－2045)→养老、修身、著书等(2045后)

我校与新加坡国立大学有合作项目,我们专业的研究生可以在研一下学期三四月份申请去新加坡国立大学学习3年,取得新加坡国立大学博士学位。我很想利用这个契机,出国深造,达成心愿。

新加坡国立大学在国际上排名120多位,虽然与美国许多著名大学相比相距甚远,但与清华大学世界排名200多名相比,是很大的进步。我自身并不是很优秀,所以可以通过在新加坡国立大学的学习提升自己的能力,进而更容易申请到美国大学。

我是中国人,我爱中国,中国需要我们每一位中华儿女的努力和贡献。所以我会回到国内。

第二条路:清华大学管理科学与工程研究生(2004.9－2006.7)→清华/北京大学企业管理博士(2006.9－2009.7)→清华/北京大学大学博士后(2009.9－2012)→中国某著名大学副教授、教授(2012－2020)→中国某著名大学院长(2020－2030)→中国某著名大学副校长(2030－2035)→中国某著名大学校长(2035－2040)→中国某著名大学教授(讲学)(2040－2045)→养老、修身、著书等(2045年后)

这是一条比较保险的路,毕竟出国难度很大。而且清华大学和北京大学也有好的导师、好的资源。

第三条路:清华大学管理科学与工程研究生(2004.9－2007.7)→美国某大学博士、博士后(2007.9－2013)→中国某著名大学副教授/教授(2013－2020)→中国某著名大学院长(2020－2030)→中国某著名大学副校长(2030－2035)→中国某著名大学校长(2035－2040)→中国某著名大学教授(讲学)(2040－2045)→养老、修身、著书等(2045年后)

留美,难度很大,所以要做三年毕业的准备,这样有时间考 GRE 和 TOEFL,并

且发两三篇高质量论文,申请容易些。

16.4.2　方案二: 政府官员

清华大学管理科学与工程研究生(2004.9－2006.7)→国家某单位副处级干部(2006.9－2010)→国家某单位正处级干部(2010.9－2015)→国家某单位副司级干部(2015－2020)→国家某单位正司级干部(2020－2030)→国家某单位副部级干部(2030－2040)→国内某著名大学教授(讲学)(2040－2045)→养老、修身、著书等(2045 年后)

16.4.3　方案三: 企业总裁

清华大学管理科学与工程研究生(2004.9－2006.7)→某公司中层管理者(2006.9－2010)→某公司高层管理者(2010.9－2015)→创业、公司产值过亿(2015－2020)→公司产值过 10 亿(2020－2025)→公司产值过百亿(2025－2035)→公司产值过 500 亿(2035－2045)→国内某著名大学教授(讲学)(2040－2045)→养老、修身、著书等(2045 年后)

[王老师点评]

很多人都认为人生是无法设计的,我也同意这种观点。从你的职业生涯设计中再次验证了这个观点,因为你给出了 3 种可能,就像以前有部电影《巴山夜雨》,最后给出 3 种不同的结局,观众可以根据自己的喜好去选择。

你现在对于自己的职业生涯就给出了 3 种不同的候选项:学术研究、从政、企业管理,黑路、红路、黄路你都要尝试一下。而这样的全才比较少,美国有几位开国元勋好像是属于这样的全才:学术上有很多发明创造,经商很有成就,美国要建国了就参与起草宪章,成了开国元勋。现实生活中这样的人比较少。

从我对你的了解以及你对自己的分析,觉得你还是走学术道路比较容易成功。首先,你的直爽性格就很不适合在政府工作。可能你不知道,某地政府的公务员做过一次问卷调查,最后发现影响大家积极性的第一因素是"没有人说真话"。你可以想象,在一个没有人说真话的场合,你的出现就好像皇帝的新衣里面的那个孩子,虽然老百姓会很喜欢你说的真话,可毕竟我们现在还没有进入到普选的阶段,你的上级会讨厌你的直爽。还没有等你升到副部长,可能在副科长的位子上一待就很多年。所以,我觉得你对于政府里面的工作性质太缺乏了解。以你的性格进入,一定会头破血流地出来,下场会很悲惨。作为你的老师,我非常不希望看到这样一种结局。

同样道理，企业管理也不适合你。你自己也说，自己心太软、毅力不够、目标不明确、交际能力不行、考虑问题不全面，而这些能力对于企业管理者来说都是必备的。你只要看看现在的企业，多少在减人增效，是否增效了我们不知道，减人那可是真的减，你心软能行吗？企业需要战略，你目标不明确，企业的目标也就不明确，那企业还有好吗？搞企业，需要与各种人打交道，如其他企业的同行、对手、政府机关的官员、骗子，你看不清对方的真面目，如何对付这些人？

所以，你还是向我学习，在学校教书育人吧！无论你是政客还是经理人，都是我们老师的学生。要是教出一两个克林顿这样水准的学生，你对国家的贡献就不小了！所以我每次上课都在不断地用眼角的余光搜索整个教室，生怕在哪个角落里坐着未来的克林顿却被我点名发言时遗漏。

可能你不相信我的建议，可以等 20 年以后再看自己到底在干什么工作。虽然我不是算命的，但自从开始做职业生涯设计工作，别人就开始以为我是算命的了。虽然人生无法设计，但还是有规律可以查询的。中国有句古话"三岁看老"，这话比较夸张。但是像你们这个年纪——约 24 岁，基本已经可以看出未来的发展方向了。因为性格已经基本定型了，性格又决定命运。

第 17 章

联合国的首脑

陈宝义

参考了一些有关职业生涯规划的设计方案，不断地比较优劣，觉得所谓的五步归零思考模式简易且具有可操作性，我就按照这 5 个问题来自我剖析，希望能够进一步得到王老师的点拨和指正。

五个问题如下。

17.1 我是谁

人贵有自知之明，认识我自己是做好职业生涯规划的第一步。

我是谁？乍一看，似乎是一个简单得几乎有点幼稚的问题，然而我们却无法回避，且必须以一种严肃和审慎的心态来面对、正视和回答。尽管答案是丰富多彩的，但这并不意味着可以用三言两语简单敷衍了事，需要我们潜心挖掘、深思。

我是农民的儿子，自小在民风淳朴的农村长大。家庭教育比较传统，小时候挺懂事，很受村里人喜爱，在小学的时候经常得到老师的表扬。随着岁月的流逝，只有一些儿时生活的剪影偶尔会在脑海里荡起一些涟漪。记得在四年级期末一次语文课下课后，年轻的女班主任把我留到办公室，那时她装出一副严肃的表情告诉我她跟校方正考虑把我留级，让我做好心理准备什么的，我当时丈二和尚摸不着头。第二天上学才知道老师已经调离工作离校了，校长告诉我胡老师只是和我开个玩笑，其实是鼓励我努力学习、戒骄戒躁，可见对我的喜爱之情溢于言表。

中学阶段还有点腼腆，不过挺爱笑的，因此我依然能够得到老师的格外照顾，与班上同学关系也很融洽。在初三临近中考的一段时间自己情绪很低落，有点自暴自弃，也记不得缘由了，成绩一落千丈。也是在我的班主任悉心开导下，我迅速振作起来，奋起直追，顺利通过中考。后来尽管在高中文理科分班费了一番周折，最终运气不错，分到了我钟情的文科班。自此便为了高考孤注一掷，庆幸千禧年杀出重围,挤过了独木桥。

我本科就读于北京工商大学,除了大一有过从憧憬到迷惘转变为充实的一段过程,大学四年生活波澜不惊。综合素质比中学阶段有了显著提高,拿过奖学金,当过学生干部,组织、参与各种学生社团活动,也光荣地加入了党组织,但自己还不太满意,无论从综合素质塑造还是专业技能掌握自身都存在着一个很大的提升空间。

我原来在本科学的是工商管理,数学基础不太好,想继续在名校读此专业的研究生比较困难,大三下学期决定跨专业考清华大学的法硕,很幸运能够如愿以偿。“没有什么不可以……”这是我很喜欢的一句非常朴实的话。真理往往都是很朴素的,简单平凡中深藏着无与伦比的底蕴。感谢坚强的自己,更感谢那些在身后默默支持和帮助我的人,感谢清华大学的接纳,我非常珍惜这人生中进一步改变命运的难得的契机,我相信我还能够带给所有关心我的人更多的欢乐、惊喜和尊敬。目前我是清华大学的研究生,虽然不是自己最感兴趣的专业,但还是努力在此领域学有所成。三年后,我 24 周岁,无法想象和预测那时清华大学将会把我塑造成什么样子,但有一点我现在可以做出承诺,自己会尽最大的努力,去脱胎换骨、出类拔萃!

自我评价是比较温和、谦让、敏锐、细腻,注重与人合作,心地较宽,为人厚道,欣赏善良、正义的理念和服务的精神;缺点是依赖性有点强,欠缺果敢和勇气以及冒险精神,竞争意识较薄弱,容易陷入无为与中庸!

17.2 我想做什么

小时候有 3 个梦想,现在还能找到记载的小本本,依次排列是超级富豪、作家和刑警。现在看来做刑警的可能性已经被排除了。

我父亲是一个很有商业头脑的生意人,年轻的时候走南闯北,颇有心得。我记得他后来有一次将自己大半生的积蓄借给一位远方亲戚至今成为“坏账”,自此以后生意开始走下坡路,家境也渐为窘迫。可能在这个阶段,毫不避讳地说,我对钱产生了强烈的欲望,而萌发了做超级富豪的梦想。

想当作家,我认为在某种程度上可能与家教有关。我现在常常开玩笑地抱怨母亲小时候对我管得太严,束缚过多,扼杀或者更准确地说应该是影响了我的天资自然拓展。母亲是典型的劳动妇女,传统保守,小时候她常常强硬地逼迫我整天在家里看书。不能出去和小伙伴一起玩耍,无奈之下我只能去选择“爬格子”,后来我也认识到那个很没有童趣的阶段对我的影响是潜移默化的。而对于刑警,究根溯源,可能小时候觉得警察很威风,要么是可能源于自己骨子里潜藏的正义感吧。

人的一生过程其实都在尽可能地满足自己的需求，追逐自己的梦想，借用经济学上很世俗的观点，正所谓——理性自私的人追求利益最大化。

随着年龄的增长，我们的世界观、人生观和价值观在逐渐形成和定型，我们对自己的个体剖析更客观，对自己的职业倾向把握更准确，对自己的目标决策更加理性。

从理想化的角度来看：

我目前最大的抱负是做联合国的首脑，希望能够为人类和平、世界大同奉绵薄之力。

"达则兼济天下，穷则独善其身"，我比较倾向于索罗斯和巴菲特这样的风险投资家，凭智慧聚敛很多财富，一个人有很大的生命自由度，然后乐善好施，活得很潇洒！

我希望不要这么功利地生活着，有机会去世界各地旅行，感受异域风情，而不会被世俗的琐事所约束分不开身。

……

从现实的角度来看：

我想无论如何都要步入中国上流社会，自己出人头地，光耀门楣，做兴业之士，立志裕民！

我想做一个魅力型的儒商。

我想有机会出国接受更高层次的教育，学习经济和公共管理。

我很想去香港和新加坡。

我很想立马一夜暴富，用一部分钱来支持家庭，照顾父母，让他们过上幸福的晚年生活

……

人的欲望是无底的黑洞，从马斯洛的需求层次理论来讲，这其实是很正常的人性本能。酒足饭饱思淫欲，可得知人的欲望同时是随时空变化前进的。

17.3　我会做什么

我个人认为，我们从以前自己的实践过程中获取的直接经验很重要，这种直接经验会有助于我们来判断自己会做什么，也容易打消别人的疑虑，而我们从书本中学习的知识需要通过实践的检验，否则我们很难让别人信服，不管你是否真的会做什么。

就目前我现有的资质和能力来分析：

(1) 具备较敏锐的洞察力,良好的沟通和交际能力,正常的表达技巧和理解分析技能。

(2) 会说英语也会使计算机,虽然提高的潜力还很大。

(3) 会出色地完成领导交给的任务,良好地协调平级之间的关系。

我曾在中国铁道建筑总公司海外公司贸易部做过社会实践,也曾在吉利控股集团股份有限公司驻北京办事处实习,工作认真负责,得到领导的赞赏。

(4) 善于求助外力,适应陌生的环境。

(5) 会很快地记住别人的名字,并争取与他相识。

(6) 会一些体育运动,如篮球、足球、羽毛球,台球等。

(7) 牌技比较好。

我想在任何恶劣的条件下我都不会向命运妥协,积极求得生存和发展!

17.4 环境支持或允许我做什么

1. 目前所处的社会环境

中国正处在一个体制转型的关键时期,各种改革势在必行。市场经济体制在逐渐走向完善,伴随的法治也必然要进一步健全,而改革涉及的层面越深,遇到的矛盾和冲突也就越复杂和棘手。在这种大变革的时代,历史无疑将会为某些有准备的头脑提供非同寻常的契机,而我们唯一要做的就是能够灵敏地嗅出这种机遇的气息,然后牢牢地去把握它,干出一番大事业!

2. 目前所处的家庭环境

虽然我来自农村,但现有的家庭境况还可以,压力不是太大,所以自己现在还能够在清华大学安心读研。但随着父母年龄的增大,自己也逐渐成熟,有一种责任感常常驱动自己思考怎样早日和兄长一起来分担共同肩负的赡养父母的义务。

3. 目前所处的学习环境

学习任务不是太重,自己能够拥有比较充分的自主权。但接下来将会面临一些不可回避的挑战,要准备清华大学的英语水平 2 以及国家司法考试。我会考虑在现有的环境下,努力提高自己的综合素质,尤其是外语水平和专业技能。

17.5　我的职业与生活规划是什么

1. 研究生三年短期目标

（1）保证研究生三年通过所有科目考试，顺利拿到清华大学的文凭，在此基础上通过国家司法考试。

（2）以清华大学的校训、校风来严格要求自己，"行胜于言"，尤其要培养自己严谨、务实的作风。

英语口语与听力水平：能够达到与老外进行日常生活交流而不感觉吃力。

专业技能：在核心期刊上发表两篇以上的专业性文章。

进一步全面提高自我道德素养、加强体育锻炼。

（3）接触社会，从事兼职或社会实践。

希望自己养活自己，不让家庭提供生活费用。

2. 毕业后 5 年计划

很快地适应步入社会后角色的转变，进入一家全球知名的跨国企业，希望能够开始从基层做起，5 年后能够从事中层管理工作。

在此期间将可能面临家庭和个人生活上的一些压力，如找对象、买车、买房等，我决定在 30 岁之前不予考虑，把照顾父母的晚年生活放在首位。

3. 毕业后 10 年计划

跨入上层社会的门槛，能够获得一定的社会认同感，如开始做跨国企业的职业经理人；

在此期间，结婚组建家庭可能会成为现实。

4. 毕业后 20 年计划

从企业里跳出来，非常希望在联合国工作，实现自己的抱负，退休后在慈善机构发挥余热。

［王老师点评］

你希望进入跨国企业成为经理人，这就需要你不但在专业知识方面要比较好，同时需要具有比较高的应变能力、语言表达能力、社交能力等。

千万不要变成"理论家"——光说不做。我遇到过不少学生,很会讲,但不愿意做事情,办公室、实验室脏了都不知道去打扫。实际工作中,许多事情要你亲自去做。拿做 HR 工作的人为例,公司环境是否清洁,温度是不是高了,员工是不是有不舒服的,甚至哪个厕所不干净,你都要看一看、擦一擦。也就是说,你必须从小事开始做起。

不管你做什么事,首先要认真做,积极主动。对公司所有的流程都要很快地掌握,而且要掌握公司近期和远期等各方面的目标,理解给你的这个工作,是要让你做什么,然后要非常集中精力地在这方面好好工作。一个出色的员工能为企业提高核心竞争力,自觉坚持在实际工作中和实践中不断学习与创新,不断增长知识、专长、技能和经验。

其次,发现自己的职业兴趣。一个人只有在从事他所热爱的职业,在充分发挥自己的能力时,才能更快地取得成功。研究结果表明,如果一个人对某一项工作有兴趣,能发挥他全部才能的 80%~90%,并且长时间保持高效率工作不感到疲倦。而对工作没有兴趣的人,只能发挥其全部才能的 20%~30%,也容易筋疲力尽。兴趣是动力的源泉。对一个人来说,对工作感兴趣,就愿意钻研,这样就会出成就。这就是兴趣的作用所在。所以,你应该清楚地了解自己,找准自己的位置,找出自己最有兴趣、最能发挥最大才能的职业岗位和工作项目。例如,你是愿意与事物打交道还是愿意与人打交道(记者、推销员、教师、行政管理人员),还是愿意与文字符号打交道(办公室职员、图书馆管理员、打字员、统计员)? 还是愿意与大自然打交道? 或者愿意从事社会福利工作、喜欢帮助别人解决困难(咨询人员、科技推广人员、教师)?

最后,建立自己的知识网络体系。在现在这个知识经济的时代,每个人都需要有一个专家网络体系以帮助自己完成任务。需要问自己:如何才能最快地获取工作所需要的知识与信息? 通过谁才能找到掌握着最有用知识与信息的人? 一个有头脑的员工常常在事前就注意寻找用得着的人,努力与之建立密切的个人关系,建立个人和组织的知识网络。当然,一个出色的员工也要想方设法成为这个知识网络中很有知识价值的网点。因为任何专家都愿意与那些同样掌握着对自己有用知识的人分享知识。

这里有一个故事。

"你怎么不问一声呢?"

有一个博士分到一家研究所,成为学历最高的一个人。

有一天他到单位后面的小池塘去钓鱼,正好正副所长在他的一左一右,也在钓鱼。

他只是微微点了点头，这两个本科生，有啥好聊的呢？

不一会儿，正所长放下钓竿，伸伸懒腰，噌噌噌从水面上如飞地走到对面上厕所。

博士眼睛睁得都快掉下来了。水上飘？不会吧？这可是一个池塘啊。

正所长上完厕所回来的时候，同样也是噌噌噌地从水上飘回来了。

怎么回事？博士又不好去问，自己是博士生啊！

过一阵，副所长也站起来，走几步，噌噌噌地飘过水面上厕所。这下子博士更是差点昏倒：不会吧，到了一个江湖高手集中的地方？

博士也内急了。这个池塘两边有围墙，要到对面厕所非得绕十分钟的路，而回单位上又太远，怎么办？

博士也不愿意去问两位所长，憋了半天后，也起身往水里跨：我就不信本科生能过的水面，我博士不能过。

只听咚的一声，博士栽到了水里。

两位所长将他拉了出来，问他为什么要下水，他问："为什么你们可以走过去呢？"

两所长相视一笑："这池塘里有两排木桩子，由于这两天下雨涨水正好在水面下。我们都知道这木桩的位置，所以可以踩着桩子过去。你怎么不问一声呢？"

学历代表过去，只有学习力才能代表将来。尊重有经验的人，才能少走弯路。一个好的团队，也应该是学习型的团队。

第 18 章

环境专业的大学教授

史 博

18.1 前言

对于一个即将走上工作岗位的研究生而言,结合自身情况以及当前的就业形势,为自己确立职业目标,选定职业道路,确定未来的发展计划,对自己将来的发展无疑是有极大帮助的。合理地规划自己的将来,少走弯路,就能更好地实现自己的人生价值,为社会做出更大贡献。要写出一份适合自己的有深度的职业规划并不是一件简单的事情,至少要对两方面要深入地思考。首先,要对自己的情况进行深入的分析,我认为一个人的性格、兴趣、家庭背景、受教育情况、价值取向等都对他未来的发展有重要的影响。其次,当前的就业形势也会对一个人的职业规划有很大的影响(至少对近期的择业有很大的影响)。基于这种想法,我从自身和当前的就业形势两方面综合考虑,制定了自己的职业规划。

18.2 自身性格分析

在制定职业规划时,对自己性格做一个比较全面的思考、评价是很有必要的,只有对自己有一个比较全面的认识,才有可能选择、制订适合自己的发展计划。对自身性格的分析的重要性还在于,很多人都认为自己很了解自己,其实不然。所以很多时候,在这种想当然的情况下来规划自己的发展计划,去找工作,往往不理想,我觉得这甚至可能是近年来很多大学生频繁跳槽的一个原因。以下是我对自己性格的分析。

18.2.1 我对自己的性格总结

性格是指人的一贯和稳定的心理特性、思维方式和行为特点。在具体的职业活动中,性格就可能会有价值评价的含义。所以每个人在职业选择和设计时应该考虑到自己的性格特点,这样更有利于自己的职业发展。就我而言,可从以下几方面来总结我的性格。

(1) 性格不是太内向,但交际能力也不是很强,比较特立独行,与别人协作的意识很差,往往愿意单打独斗。

(2) 性格比较直爽,正义感比较强,对弱者富有同情心,但与强者共事时有时会争强好胜。

(3) 兴趣比较广泛,愿意学习新知识,接受挑战,但有时候比较自负。

(4) 愿意动脑而不愿意动手,比较喜欢钻研理论性的东西。

(5) 喜欢平静舒适的生活环境,不喜欢在人际关系过于复杂的环境中工作。

18.2.2 其他人对我的性格的看法

通过自己的反复思考,听取朋友的意见以及做卡特尔人格因素的心理测验,我对我的性格与职业取向得出以下一些结论,将其列出如下。

1. 性格因素

综合了心理测试和朋友的看法,这方面的因素总结如下。

(1) 乐群性。这方面我自己、朋友和心理测试得出的结论比较一致,即我的乐群性属于一般,对人的态度介于冷漠与热情之间。

(2) 独立性。这一点大家的看法也比较一致,认为我的表现为自立自强,当机立断。

(3) 恃强性。恃强性表现为好强固执,独立积极。

(4) 有恒性。有恒性表现为一般,对事介于有责任感和马虎之间。

(5) 敏感性。敏感性表现为一般,介于理智和感情用事之间。

(6) 实验性。实验性表现为自由的、激进,不拘泥于现实。

2. 双重人格因素

这方面的因素主要采用了卡特尔心理测试的结果。

1) 适应与焦虑性

你生活适应顺利,通常感觉心满意足,能做到期望和认为有重要意义的事。

2) 内向与外向型

你的性格内向,通常羞怯而审慎,与人相处多拘谨不自然。内向的性格无所谓利弊,而以工作条件为准,如内向者较专心,能从事较精确的工作。

3)感情用事与安详机警性

你常感情用事,心肠软,易受感动,常多愁善感,富于幻想,生活较含蓄敏感,温文尔雅,讲究艺术。

4)怯懦与果断性

你常独立,果敢,锋芒毕露,有气魄,常常主动寻找可施展所长的环境或机会,以充分表现自己的独立任职能力。

18.3　职业取向分析

职业取向分析可从职业价值取向、职业动机、职业兴趣、职业能力几个方面来分析。通过这些方面的分析,了解自己的社会偏好,确定适合自己的环境,搞清楚自己从事所选择职业的内在动机和驱使自己追求卓越、争取成功的内在驱动力,有目的地改进自己,合理组织自己的优势方面,避免自己的某些大缺点妨碍自己的发展。

首先,我认为我的职业兴趣会对我的职业取向有较大的影响。正如前面的性格分析中所提到的性格因素(我感情用事,心肠软,易受感动,常多愁善感,富于幻想)和根据平时的经验,从择业的角度讲,对于我感兴趣的事,我会很投入,并且在这种情况下不会有太多利益上的计较,也就是说,这种情况下,职业价值取向对我的影响变小。基于这种考虑,我认为在择业过程中,职业兴趣可能对我的影响会比较大,我认为这可能不是件好事,有可能使自己的选择变得比较片面,失去很多好的机会。针对这种情况,我打算一方面在学习过程中,扩大知识面、培养更多的兴趣爱好,扩展自己的择业空间,就我的性格而言,这是可以做到的;另一方面,多收集关于本专业的就业信息,争取抓住一些好的机会。

其次,职业动机对我的影响,我想,主要表现在成就动机方面,成就动机即追求卓越、争取成功的内驱力。我有较强的成功欲望,我相信这种动机会驱使我,从各方面提高自己,同时我渴望并努力做到与周围的人保持良好的人际关系,获取支持,为成功提供必要的条件。我认为这可以和我的职业价值取向和性格因素联系起来分析。

18.4　当前就业形式分析

我的专业是环境工程。就目前的情况来看,环境工程在中国处在发展阶段,政府正在不断加大对在这方面的投入,而且由于近年来环境问题日趋严重,公众对环境问题也越来越关注。总的说来,环境工程在这些年发展是比较快的。但从中国的国情实际考虑的话,这里面也有很多不利因素:中国现在还处于发展阶段,其重心在发展经济,在环境方面的投入受到国力、国家科技实力等的限制,从现在的实际情况来看,很多环境项目都面临资金缺乏的局面(比如现有的污水厂由于技术和资金两方面原因很多都难以全面正常地运行)。从这种角度来看,在中国环境行业的发展还面临许多要解决的问题,发展过程中可能会有许多周折,这对从事环境方面工作的人来说,肯定会有很大影响;另一方面,同其他行业一样,在中国这样的人口大国,从中国现有的人口年龄结构来看,是一个青年型社会,在未来几年就业人口数量将大大增加,就业压力将不断增大,环境行业也不例外。以上是我对环境行业的基本情况的一个大致分析。

另外,环境就业的几个主要就业方向有设计院、企业、政府部门、高校。就我而言,对这几个方向没有特别的偏好,但就工作的性质而言,设计院和企业对专业的要求要低一些,以我现在的学历是足够的;高校对学历和学术水平的要求比较高,如果要在高校任职,需要博士文凭;如果要在政府部门工作的话,我觉得对情商和综合素质的要求会较高,缺乏这两方面的素养,要在政府部门成功是比较困难的。

18.5　具体职业规划

在分析了自己和当前的就业形势,我从短期和长期两个方面对自己的职业生涯做了规划。

18.5.1　短期规划

短期的职业规划更多考虑的是当前的就业形势、个人经济情况以及对我长期发展的影响。短期规划中,我想对我研究生毕业后 5～8 年内要做的事做一个大体的计划,具体如下。

1～3 年,希望通过努力争取到直博机会,进一步深造,在这期间首先要打下坚实的专业基础。其次,要广泛扩展自己的知识面:一是要掌握如数学、化学、生物等方面的一般基础知识,这可以结合专业学习;二是学习哲学,提高自己的思维层次;三是要广泛地阅读文学、音乐等方面的知识,提高自己的综合素质;四是要学习一些组织管理方面的知识;五是要在这期间从事一些实际工作,获得一部分实际工作经验,为下一步的发展打下坚实的基础。

4～8 年,参加工作,主要从事与专业关系紧密的工作,将所学的知识用于实践,并进一步加深自己在专业方面的素养,同时通过工作使自己有一定的经济实力,能过上比较稳定的生活。在这期间,主要目标是实现自己独立,将自己在学校学到的专业知识转化为实际的社会和自我价值,并能储备一定的经济基础;另外,有机会的话,去做一些组织管理工作,训练自己统领全局的能力。

18.5.2　长期规划

长期规划是对自己的一生的全面的计划和安排,为人生的每一个阶段确定一个切实可行的目标,明确实现这些目标的手段和需要做的准备。同时我希望通过制订这样的计划,使自己从现在开始就能合理地分配和利用时间,提高工作和学习效率,为将来的事业成功提供必要的保证。

规划内容(从研究生毕业开始)如下。

1. 前 10 年

专业知识的学习和工作经验的积累是这一时期的主要目标。实现个人的经济独立,具备一定的经济基础。提高自己的社交能力和培养自己的个人素养和气质也是这一阶段的一个主要目标。如有可能,适当做一些组织管理工作,积累这方面的经验。

2. 10～20 年

开始自主创业,在前 10 年准备的基础上,开创自己的事业天地。最主要的是在这段时间内培养自己总揽全局的能力,能在比较复杂的人际网和社会实践中锻炼出处理各种复杂事务的能力和气魄。在这个阶段使自己的事业站稳并发展。

3. 21～30 年

这一阶段,寻找进入环境高层领导部门工作的机会,使自己可以从更高层次去深入考察环境问题。

4. 31～40 年

整理自己所积累的关于环境问题的经验和想法,从学术的角度去探讨环境问题。这期间我打算到高校任教,这样有助于我的学术研究。

第 19 章

职业生涯 PPDF

19.1 个人的目前情况

1. 基本情况

姓名：吕刚。

出生年月：1981 年 10 月。

出生地：江苏省沭阳县。

现在状况：清华大学深圳研究生院研究生在读（材料系）。

现住址：深圳市西丽大学城清华校区 T 楼 1101 室。

2. 教育经历如表 19.1 所示。

表 19.1　教育经历

时　间　段	学　　　校	专　　业	备　　　注
1997.9—2000.7	沭阳县中学		
2000.9—2004.6	南京大学	主修材料化学专业	曾连续四次获人民奖学金二等奖
2004.9—	清华大学深圳研究生院	材料科学与工程	导师：唐国弈

没有什么工作经验，也没有进行过兼职的工作。

3. 个人评估

通过对自己进行职业相关的测评，结果如下。

(1) 职业价值取向：科学型、信仰型。

(2) 职业兴趣测试：现实型、研究型、常规型。

(3) 成就动机测验：成就动机比较强。

　　成为一名出色的科研工作者一直是我的目标,在主观上我一直在努力使自己向着这一目标接近。然而我越来越发觉自己离这一目标相差很远,但同时追求这一目标的渴望却越来越强烈。这样就出现这种情况:对目标执着的同时信心不足(这里我用"科研工作者"而避免使用"科学家"就是信心不足的表现)。

　　虽然在本科期间课本知识掌握得比较好,学分也比较高;但是太局限于课本知识,对自然科学领域的整体情况不太了解,对本专业内的研究内容不太了解,对学科内的科研最新动态也不太了解;对研究课题的过程还不太了解。

　　我总结一下我现在的情况。

　　(1) 立志成为一名出色的科研工作者,对这一追求非常执着;

　　(2) 欠缺的技能及知识如下。

　　① 所学的知识不够,需要扩充知识量。

　　② 对科学的整体了解不够,对各种实验方法不够了解。

　　③ 对社会,尤其是与专业相关的企业等缺乏了解。

　　④ 缺乏一些管理的能力和经验,尤其是团体学习方面的能力。

19.2　发展目标与计划

　　(1) 理想职业:大学教师、研究员、工程师。

　　(2) 职业目标:出色的科研工作者。

　　(3) 所需要的能力和知识。

　　① 比较丰富的知识背景,对各种常用的实验方法比较熟悉,并清楚其原理、使用条件、使用范围,比较扎实的专业知识。

　　② 对本专业内最新研究的跟踪,不断更新自己的知识,增加科研能力。

　　③ 团队协作能力和一定的管理知识和经验(尤其是学习型团体的管理)。

　　(4) 发展行动计划。

　　职业生涯发展规划表如表 19.2 所示。

表 19.2　职业生涯发展规划表

时间段	阶　段	目标及计划
1 年内	硕一阶段	扩充知识量;对各种相关专业、领域及其研究现状有一个初步的了解,并对专业相关的一些内容深入学习;通过向老师及师兄学习来接触科研的全过程;较好的协作能力
3 年内	研二和研三阶段	进一步扩充知识量(理论方面和实验方面);实践一个课题研究的全过程,初步培养独立研究的能力

续表

时间段	阶　段	目标及计划
6~7 年内	···	熟悉课题研究的全过程,具备独立进行课题研究的能力,并争取做出原创性的科研成果;掌握多种实验方法;具备一定的选题能力(这要求知识面广,对各种研究手段比较了解)
10 年内	争取到一流的实验室或大学深造	具备较好的选题能力,并选择一个合适的课题进行长期研究,与同行密切合作、交流,做出一些重要的成果,在自己的研究领域内有一定的影响力
···	在科研实力强的大学或研究单位工作	有一些比较出色的研究成果,在自己的研究领域内有较高的影响力,带领一个小团队进行科研工作,并培养一批科研能力较强的学生

19.3　实现目标的途径

(1) 坚持锻炼身体,保持良好的健康状况。

(2) 多看一些与专业相关的书籍和论文,熟悉各种研究方法及其适用范围、条件限制等,并了解本专业和相关专业的研究动态。

(3) 多听一些讲座,跟踪科研最新动态,并了解它们的研究方法。

(4) 通过参加师兄的实验、自己独立的实验、与他人合作的实验,提高自己的实验水平、科研能力、协作能力。

(5) 尽可能多地接触社会、企业,尤其是与本专业相关的企业、公司。

(6) 看一些与管理有关的书籍,并听一些相关的讲座,掌握一些团队合作的技巧和方法(现在正在阅读《第五项修炼》这本书,即将读完,感觉受益匪浅)。

[王老师点评]

看到你的个人职业生涯计划,给我带来难得的轻松。原因是其他同学很多都在想改行的事,而你硕士、本科都是学的一个专业——材料科学,以后的职业目标依然是做本专业的研究,并希望在自己的领域做出一流的成果,这真是让我和你的导师唐教授都感到欣慰。

改行毕竟对自己、对社会都是一个巨大浪费、巨大损失。像你这样目标坚定地一直研究下去,一定会实现你给自己设定的目标的。

你的同学都戏称你为"院士",因为你总是不停地在看书,做笔记,是个完全科研型的人才，性格非常内向，一般大家说话你只是笑眯眯地听着，一句话都不说，但是个很内在的人。建议你争取机会到国外去学习先进的技术和知识，然后回国搞科研，成功的可能性非常大！不是说在国内一直深造就不能成功，只是说出国学习一下，你可以成功得更快一些。

另外建议你可以自学一点项目管理、时间管理的知识，可能对你以后带领团队做研究有帮助。

第 20 章

职业经理人

苏 淼

20.1 前言

我叫苏淼,男,22 岁,迄今为止,生活的重心一直是学校,2000 年考入清华大学电子工程系,主修电子信息工程专业;2004 年毕业后继续在清华大学攻读电子信息工程的硕士学位。关于自己的未来,以前真没有认真地考虑过。我记得在 2000 级电子系的迎新会上有一句话让当时的我们热血澎湃:"欢迎你,未来的信息电子工程师",在随后的几年,这句话一直是我的目标。可是到了今天,目标却逐渐模糊起来,我发现自己的一些本性与成为一名工程师所需要的素质相去甚远,越来越觉得我是不是该重新考虑自己的未来。面对自己的困惑,也希望得到老师的意见。

20.2 我的经历

1. 梦想

我小时候的梦想是当一名解放军战士,现在这个梦想还在我的心底,不时地能够感觉到。能让我感动得流泪的电影都是那些战争题材的影片,那种简单的充满活力的生活,那种战友之间能以生命相托付的信任,那种千万人为了胜利勇往直前的精神,都是能拨动我心弦的东西。大学军训的那一个月,很多同学觉得很苦很累,我觉得很充实,很快乐。现在的自己似乎已经与这个梦想渐行渐远了⋯⋯

2. 永远要感谢的人

在 20 年里,很多人有意或者无意地帮助过我,对于他们,我都不会忘记。这里着重写两个人:一个是我小学的数学老师;另一个是我高中的语文老师。

我小学的数学老师(张老师)是一位非常有爱心的人,她的女儿也在我们班上。夏天的时候,中午休息的时间很长。我家在农村,老师的家在离学校很近的街上。每天中午,我们附近的同学都会早早地到张老师家去,等她的女儿一块去上学。张老师总会事先在冰箱里冻上很多块橘子汁做的冰块,等我们要走的时候,就用个小勺在我们每个人的嘴里放一块。那个时候觉得,那块冻冰真是世界上最好吃的东西。它的味道伴随老师的笑脸我永远不会忘记。

我高中的语文老师(田老师)在我最困难的时候鼓励我,使我坚持下来,并最终考入清华大学。我小学和初中都是在小镇上的学校读的,升高中的时候考到市里的一所省重点中学。刚进学校的时候,一下子面对很多竞争,心里很有些挫折感;加之离家很远,一学期结束才能回一趟家,也很孤单。很多课程的学习上,自己表现得也并不突出,有些灰心。在这个时候唯一让我振奋的课程是作文课,田老师在课上常常把我的作文当作范文来念给大家听。而且在早自习结束时,总会坐在旁边的座位上和我聊会儿天。现在回想起来,就是这样的一些鼓励支撑着自己度过了那段很艰难的时光,为此我要永远感谢她。

其他还有很多人和事都留在记忆里,对于那些帮助过我的人,我永远都会记得他们,并且希望在有一天他们需要帮助的时候,自己要伸出援手。"滴水之恩,涌泉相报",这是我的做人准则。

3. 对自己激励最大的一件事

我在王老师的课堂上(关于激励的那一节)也讲过这件事情。我小学毕业的成绩很不好,勉勉强强进了镇上的初中。小学的时候有一帮小伙伴关系很好,所以很调皮捣蛋,升初中的时候大家又都在同一个班上。开学不久就要选一个班长出来,结果这帮伙伴们就都推举我当班长,由于人多势重,就当选了。当时有很多学习比我好的人,他们都很不服气,所以当时我就暗下决心,要把学习搞好,要证明自己有这个资格。后来在上初中的那几年里,我每次都是第一名。

这件事对我的影响也很大,要不是有这么一个契机,自己的生活可能又会是另外一个样子。

4. 我的大学

要我自己给自己的大学生活打个分的话,我想大概是 70 分吧。我对自己在清华大学几年的表现并不太满意,虽然坚持了下来并最终保送上研究生。大学的几年里,最大的收获是学会了在一个强手如云的环境里怎样不断地调整好自己的心态。可是一直也都比较迷茫,没有明确的奋斗目标。也很少有时间去发展自己的兴趣爱好。并且在这几年里,也还是没有搞清楚自己应该向哪个方向去发展。

20.3　我的自我评价

在自我评价之前,我想先说一下理想中的自己应该是什么样子的,我理想中的自己是这样的:事业成功,能够帮助很多需要帮助的人。简单地说就是中国传统文化里所说的"仁者"。

自己的品性如下。

(1)生存能力:从小生长在农村,什么样的生活都可以过,能吃苦,生存能力强。

(2)生活态度:喜欢比较豪放、豁达的生活,"大块吃肉,大碗喝酒",不喜欢很小资的生活。

(3)思想:比较喜欢思考各种各样的问题,比如说人生、宇宙。喜欢读书,并且读书的范围很广泛。思维比较开阔。

(4)性格:不喜欢张扬,内敛型;对小事情比较马虎,大事情比较清楚;不太注重细节;做事情决断性稍差,在做决定的时候经常觉得条件还没有充分准备好;一旦决定的事情比较能够坚持。

(5)兴趣爱好:喜欢旅游、运动;喜欢一些可以跟朋友们一起做的事情,像唱歌、踢球;一个人的时候喜欢钓鱼。

总的说来,我觉得自己不太适合做那种要求比较精细的工作,喜欢比较宏观的分析思考。

20.4　我的职业规划

我对自己的职业生涯有一些想法,我不会去做一个纯粹的工程师的工作,我想在研究生阶段多花些时间学习一些管理类的知识,将来自己创业或者是成为一名职业经理人。不知道王强老师在这个问题上有什么建议。

简单地规划一下未来的 10 年,大致希望自己成这样一个轨迹发展。

1. 未来 3 年

完成硕士学位的学习和研究工作;多花时间学习管理类的知识;找一些兼职的工作,这些工作应该是管理类的兼职工作。

2. 未来 5 年

毕业后进入一家技术型的企业,应聘一个技术型的工作,在实际中学习一些社会经验和管理知识,继续为争取管理类的职位做准备。

3. 未来 8 年

在原企业或者另外企业争取一个管理工作的职位,从底层做起,丰富自己的经验,通过良好的业绩逐步争取到更高的职位,成长为一名中高层的管理者。

4. 未来 10 年

出国读取一个管理学的学位,为将来开展国际性的业务做准备,并初步地建立一个国际商务往来的关系网络。

这就是我现在所能想到的职业规划的全部东西。现在我自己还比较困惑,困惑的是在研究生的这几年,我应该怎样分配自己的时间,应该做哪些准备,怎样处理在实验室做课题和学习管理知识的关系。迫切地希望王老师能够给我一些指导,从你的经验,从你作为一个管理方面的专家,从你作为一个清华大学的学长的角度指导我,让我将自己的职业生涯规划做得更加合理,切实可行;然后剩下的事情,就是我自己的努力和坚持了。

谢谢王老师!

[王老师点评]

你的计划是许多同学同样的想法——先干几年技术工作,然后逐渐转行到管理上去。对此我没有什么意见,仅仅觉得你实现自己目标的举措列举得不是很清晰。

(1)管理的范畴很宽广,你需要首先确定自己最适合哪个领域的管理:财务管理、销售管理、技术开发管理、人力资源管理、项目管理、战略管理等,然后才能投入时间和精力去学习之、实践之。否则你就会哪个也学不精。

(2)如果你在校园里面没有参加过一些可以证明你管理能力的社会实践的话,想找管理类的兼职工作并不是一件容易的事情。所以建议你现在就开始多参与一些可以锻炼自己综合素质的活动,锻炼自己的组织协调能力、人际交往能力、口头表达能力等。

(3)多看一些成功经理人的传记、介绍,从他们的经历中吸取经验。

无论你做企业的哪个管理岗位,我都建议你要注意以下。

使你的绩效"可见化"。有的工作因为难以量化，或者有时因为管理者的忽视，绩效不错却未必能得到相应的报酬。例如，你协助主管完成了一个项目的规划，但后来随着项目的终止，主管很可能就会忘记你在这项工作中的出色表现。因此，在创造绩效的同时，要力图使绩效"可见化"。例如，为自己建立绩效清单，内容包括任务内容及目标、任务结果绩效等，在年终考核面谈时，用于作为争取较高的绩效评估的有力证据。

成为企业不可缺少的人。你应该时刻关注企业的发展趋势，了解行业的最新动态，并且思考企业在未来的发展趋势中，需要什么技术或才能，以便及早准备，使你的个人价值在持续挑战中水涨船高，使自己成为企业需要的人才。这样，你就能始终处于高薪阶层。

不要过于固执。工作时时在扩展，不要老是以"这不是我分内的工作"为由来逃避责任，当前额外的工作指派到你头上时，不妨视之为考验。苦中求乐。不管你接受的工作多么艰巨，鞠躬尽瘁也要做好，千万别表现出你做不来或不知从何入手的样子。立刻动手。接到工作要立刻动手，迅速准确及时完成，反应敏捷给人的印象是金钱买不到的，亦步亦趋跟主管，上司的时间比你的时间宝贵，不管他临时指派了什么工作给你，都比你手头上的工作重要。

早到。别以为没人注意到你的出勤情况，上司可全都是睁大眼睛在瞧着呢？如果能提早一点到公司，就显得你很重视这份工作。

另外，就是要尊敬你周围的人，不要分是中国人还是外国人，不管是领导、同事，还是下级，哪怕是扫马路的，你都要有一种坦然，要能够尊敬他们。在一个大公司里，人才太多了。你左看右看全是精英。那么，你怎样才能在这个精英团队中生存？你一定要坦然地在这个精英团队里虚心学习每一个人的长处。

疯子，不是呆子

一个心理学教授到疯人院参观，了解疯子的生活状态。一天下来，觉得这些人疯疯癫癫，行事出人意料，可算大开眼界。

想不到他准备返回时，发现自己的车胎被人下掉了。"一定是哪个疯子干的！"教授这样愤愤地想道，动手拿备胎准备装上。

事情严重了。下车胎的人居然将螺丝也都下掉。没有螺丝有备胎也上不去啊！

教授一筹莫展。在他着急万分的时候，一个疯子蹦蹦跳跳地过来了，嘴里唱着不知名的欢乐歌曲。他发现了困境中的教授，停下来问发生了什么事。

教授懒得理他，但出于礼貌还是告诉了他。

疯子哈哈大笑说："我有办法！"他从每个轮胎上面下了一个螺丝，这样就拿到三个螺丝将备胎装了上去。

教授惊奇感激之余，大为好奇："请问你是怎么想到这个办法的？"

疯子嘻嘻哈哈地笑道："我是疯子，可我不是呆子啊！"

其实，世上有许多人，由于他们发现了工作中的乐趣，总会表现出与常人不一样的狂热，让人难以理解。许多人在笑话他们是疯子的时候，别人说不定还在笑他呆子呢？

做人呆呆，处事聪明，在中国尤其不失为一种上佳做人姿态。

要有自信。要在很多事情上敢为人先。中国人不敢为人先的一个原因，就是缺乏自信，老觉得别人做得好，认为自己这样做，可能比不上外国同事的好，所以说，中国人一般不缺技巧，缺的是自信。其实，自信是慢慢建立起来的。如果你扎扎实实地做工作，成功就能给你提供一些自信。自信是在不断克服困难的基础上建立起来的。

荣耀归于上司，即让上司在人前人后永远光鲜。

保持冷静。面对任何状况都能处之泰然的人，一开始就取得了优势。老板、客户不仅钦佩那些面对危机声色不变的人，更欣赏能妥善解决问题的人。别存在太多的希望。千万别期盼所有的事情都会照你的计划而行。相反，你得时时为可能产生的错误做准备。

善于倾听，才是成熟的人最基本的素质

曾经有个小国到中国来，进贡了 3 个一模一样的金人，金碧辉煌，把皇帝高兴坏了。可是这小国不厚道，同时出一道题目：这 3 个金人哪个最有价值？

皇帝想了许多办法，请来珠宝匠检查，称质量，看做工，都是一模一样的。怎么办？使者还等着回去汇报呢。泱泱大国，不会连这个小事都不懂吧？

最后，有一位退位的老大臣说他有办法。

皇帝将使者请到大殿，老臣胸有成竹地拿着三根稻草，插入第一个金人的耳朵里，这稻草从另一边耳朵出来了。第二个金人的稻草从嘴巴里直接掉出来，而第三个金人，稻草进去后掉进了肚子，什么响动也没有。老臣说：第三个金人最有价值！使者默默无语，答案正确。

这个故事告诉我们，最有价值的人，不一定是最能说的人。老天给我们两只耳朵一个嘴巴，本来就是让我们多听少说的。善于倾听，才是成熟的人最基本的素质。

在现代社会当中,交流非常重要。如果你的工作做得很好,但没有人知道好在哪里的话,你这个工作还是不好。我们中国人比较大的一个失败,就是不知道怎样才能很好地交流。做了很多工作,自己感觉极好,结果发现没有人知道。

要善于抓住机会,创造机会。我们看下面这个故事。

3 个员工

A,在合资公司做白领,觉得自己满腔抱负没有得到上级的赏识,经常想:如果有一天能见到老总,有机会展示一下自己的才干就好了!

A 的同事 B,也有同样的想法,他更进一步,去打听老总上下班的时间,算好他大概会在何时进电梯,他也在这个时候去坐电梯,希望能遇到老总,有机会可以打个招呼。

他们的同事 C 更进一步。他详细了解老总的奋斗历程,弄清老总毕业的学校,人际风格,关心的问题,精心设计了几句简单却有分量的开场白,在算好的时间去乘坐电梯,跟老总打过几次招呼后,终于有一天跟老总长谈了一次,不久就争取到了更好的职位。

愚者错失机会,智者善抓机会,成功者创造机会。机会只给准备好的人,这准备二字,并非说说而已。

第21章

技术开发小组组长或经理

张 硕

　　"人力资源管理"课程不愧为王老师说的"最有用的课程"。在上完课程的全部内容之后,我对整个社会人力资源的分配和管理方式有了一个大致的了解。在20多年的读书生涯后,突然感觉不到自己在这个社会中的位置了。于是对自己分析一番,把自己这个"人力资源"分配出去成为现在的当务之急。这样就有了下面的自我分析和我的职业生涯规划,拿出来与老师和同学们交流一下。

　　正如课程上所讲的,做职业生涯规划的第一步是要知己。然而我虽然在学生的生涯中时常自省,但现在还在很多方面不能肯定自己的个性。我想,这和长期在一个稳定的环境中生活,没有充分地接触社会有很大关系。老师讲了许多自我评价的工具,恰在此时,学校的就业中心为我们开通了一个网上评测服务。于是,我就使用这个评测来分析了一下自己。下面给出了个性分析的结果。

内向、感觉、情感、判断——"我以名誉担保,履行自己的责任"

基本描述:

　　(1) 你具有友善、负责、认真、忠于职守的特点,只要你认为应该做的事,不管有多少麻烦都要去做,但却厌烦去做你认为毫无意义的事情。

　　(2) 你务实、实事求是,追求具体和明确的事情,喜欢做实际的考虑。善于单独思考、收集和考察丰富的外在信息。不喜欢逻辑的思考和理论的应用,拥有对细节很强的记忆力,诸如声音的音色或面部表情。

　　(3) 你与人交往时较为敏感,谦逊而少言、善良、有同情心,喜欢关心他人并提供实际的帮助,你对朋友忠实友好,有奉献精神。虽然在很多情况下你有很强烈的反应,但通常不愿意将个人情感表现出来。

（4）你做事有很强的原则性，尊重约定，维护传统。工作时严谨而有条理，愿意承担责任，你依据明晰的评估和收集的信息来做决定，充分发挥自己客观的判断和敏锐的洞察力。

可能的盲点：

（1）你有高度的责任心，会陷入日常事务的细节中去，以至于没完没了地工作。每件事情你都会从头做到尾，这总是让你过度劳累，压力很大时，你会过度紧张，甚至产生消极情绪。由于你的现实、细致，有时容易忽略事情的全局和发展变化趋势，难以预见存在的可能性。建议你周到考虑解决问题的不同方法和可能性，需要增强对远景的关注。

（2）你总是替别人着想，以至于让人感觉"关心过度"，你需要学会给别人空间。在工作中，你过多的承受和忍耐，不太习惯表达，却将情绪在家庭和生活中发泄出来。

（3）你不停地制订计划并保证完成，以致经常花费更多的时间和投入更多的精力来完成工作，建议你给自己安排必要的娱乐和放松的活动，不要总是"低头拉车"，需要考虑"抬头看路"。

其实我做完测试看到结果的第一个感觉就是：这不是算命嘛！呵呵，不过它算得还是很准的，其中有很多结果让我感到切中要害，而且还有几点很有启发性，当然也有一些我自己感到也不是很确定，有可能是由于表现得不明显，所以我自己都无法明确地感受到吧。

认真地说，上面的基本分析我觉得是非常准确的，可能我自己都不能总结得那么准确。看了这个分析，我觉得我在更深的层次上认识了自己。尤其是开头的那句话"我以名誉担保，履行自己的责任"，更是我真实的写照，我觉得我在接受一件工作的时候，时时都是这么想的。所以我做事一向很认真、很负责。我觉得这也是我能上学上到现在这个位置的主要原因。但是，这是优点，也是缺点。就像"可能的盲点"中第1条描述的，我会陷入到日常事务的细节中去。在我大一当班长的时候，我做工作总是事无巨细，事必躬亲，虽然每件事都能做得很好，但是也耽误了我太多的时间，让我大一没有充足的时间学习，结果学习成绩非常不好。这就是因为我"身在庐山中"的原因吧，我总愿意认真地做事，却没有习惯站在高处向远方望望，不能把握好自己的方向，然后在一切都发生后才能总结出自己的得失，总有点事后诸葛亮的感觉。所以，"可能的盲点"中的第3点是对我触动最大的了。虽然我以前也有想过这个问题，但总没有这么明确，这么醒目。而就在我知道了这个情况后，仍然没有愿望去"抬头看看路"，这就是我在开头写的那段感想的根源了。

　　所以这次我认真地拿出了几天来好好分析了一下自己。在这个评测的基础上,我对自己已经有了更好的认识。下面是评测给出的我在工作中的优势和劣势。

21.1　工作中的优势

　　对于不同的人格类型和不同的动力等级而言,没有"好"与"坏"之分,每一个人都是一个独一无二的个体,都有其特别的优势和劣势,但问题的关键在于如何认识这些优势和劣势。我们对成功的建议是:"取己之长,补己之短",学会了这一点将会影响你的成败及你对工作的喜好。

　　你在工作中的优势如下。

　　(1) 能够很好地集中精力、关注焦点。

　　(2) 强烈的工作热情,认真负责,工作努力。

　　(3) 良好的协作技巧,能和别人建立起和谐友好的关系。

　　(4) 讲求实效的工作态度,办事方法现实可行。

　　(5) 十分关注细节,能够准确地把握事实。

　　(6) 乐于助人,给同事和下属职员的工作提供支持和帮助。

　　(7) 了解公司(或组织)的经历,能够很好地维护公司(或组织)的传统。

　　(8) 杰出的组织才能。

　　(9) 愿意在传统的机构中工作,而且兢兢业业、不遗余力。

　　(10) 能够连续地工作,对相同的工作任务不会感到厌倦。

　　(11) 非常强的责任意识;别人可以信任你会实现自己的诺言。

　　(12) 喜欢运用固定的办事程序;尊重别人的地位和能力。

　　(13) 通情达理,视角现实。

　　(14) 有雄心和志向,魄力强。

　　(15) 有韧性,在困境中不轻易放弃。

21.2　工作中的劣势

　　下面列出了你工作中可能存在的缺点,这些缺点有的比较明显,有的并不明显或你没有意识到,目的是为了让你"注意"它们,并考虑产生的原因,缺点有些是天生的,而有些是长时间形成的,因此你不可能在一两天内改变,而是去思考,其实知道存在的问题就是改变提高中很重要的一步,你会发现你正在慢慢发生变化。

　　你在工作中的劣势如下。

(1) 可能会低估自己的能力,难于坚决地维护自己的需要和利益。

(2) 不愿意尝试、接受新的和未经考验的观点和想法。

(3) 对反对意见过于敏感;在紧张的工作环境里感到很受压抑。

(4) 可能只关注细节和眼前之事,而对整体和将来重视不够,或看不到将来后果的征兆。

(5) 倾向于同时投入到过多的工作任务之中。

(6) 难以适应新境况,或者在不同的工作任务之间来回切换时会有困难。

(7) 易于被需要同时解决的太多的工作项目或任务弄得晕头转向、无所适从。

(8) 如果自己得不到充分的重视和赞赏,可能会感到灰心丧气。

(9) 一经做出决定,就不愿意从头考虑同一个问题。

(10) 对突然的变化缺乏适应。

(11) 有时表现地过于强势,让人难以接受。

(12) 对失败和没有把握的事情感到紧张和压力。

经过上面分析,适合我的岗位特质如下。

你的岗位特质:

在规范、传统、稳定的环境下工作,可以给他人提供服务或帮助。

适合在责任清晰,有一定私人空间、人际关系和谐的氛围中工作。

要求细致、精确,能够发挥你出色的观察力和对细节的关注能力。

工作能够让你集中精力,关注一件事情或一个人,而不是平行开展多项工作。

通过工作,你能够得到同事和上级的认可、欣赏和鼓励。

按照标准化的工作流程和规范开展工作,不要在事先没有准备的情况下把你的工作展示给别人。

这份评测的理论我很认同,就是上面这些特质没有什么好坏之分,关键是要找到适合自己的岗位。所以我也不想就上面的结果再做什么分析了,因为其实这份评测报告很长的,这些已经是我选出来的最精华的部分,也是我最认同的部分,如果让我自己写,我可能也写不了这么好。我想根据这些分析,我可以写出我的职业生涯规划了。

21.3　我的职业生涯规划

首先,我想分析一下我适合的岗位特质。

我觉得,我是一个在技术方面有钻研精神的人,而且有很强的创新意识。从小到现在,我都能够和周围的同事和谐相处,而且我一直任学生干部,有一定的领导能力和意识。所以我认为最适合我的岗位是一个技术开发小组的组长或部门经理。同时,我觉得我能和陌生人较好地交流,所以我也可以作为技术人员参加营销方面的工作。另外,我觉得我没有统治很多人的野心和特质,所以我不适合作为公司的经理或从事人力资源管理方面的工作。我觉得我自己能谋不擅断,所以不适合自己创业,但我适合作为顾问或参谋参与创业。

在纵向发展上,我觉得我适应新环境相对较慢,但是适应后能够充分发挥出自己的能力,时间越久越如鱼得水。所以我适合比较稳定的工作,我倾向于接受在一个公司内部的纵向升迁。我不适合经常跳槽的工作方式。所以我希望能够得到在一个大公司内部长期培养和工作的机会及经历。在拥有了一定的经验后,我希望能作为参谋或顾问参与一次创业活动。

根据上面的分析,我的职业生涯规划时间表如表 21.1 所示。

表 21.1　职业生涯规划时间表

时 间	描 述
未来两年	获得硕士学位。在校期间主要学习嵌入式系统方面的知识,并全面了解计算机软件的知识。利用假期兼职打工,积累社会工作经验,并最后争取到去大公司实习的机会。毕业后争取进入西门子等一类国际机电类公司
35 岁以前	获得在一个国际大公司连续工作的经历,并争取晋升到部门经理的职务
45 岁以前	关心科技市场发展的动向,选好适当的时机和合伙人,进行创业。如果条件不允许,选择一家有潜力的中国小公司,争取打出自己的品牌
60 岁以前	达到事业的高峰
60 岁以后	作为一名技术人员,争取在社会上发挥自己的余热

第 22 章

香港律师行里的律师

黄少兰

　　每个小孩子上学的第一天,老师都会问他们同一个问题:为什么而读书? 小孩子的回答多是天真且缥缈的,他们一般都不会说要从事什么具体的职业,因为他们也不可能了解这些职业究竟是做什么的。但是在他们的回答中,却有可能会体现他们的价值观,或多或少影响以后的择业。

　　我的回答是为人民服务。回想当时说得多么豪情万丈,尽管那时幼小的心灵根本不明白这句话的含义。而没想到的是,这句话仿佛是一句预言,早就告诉我应该怎么做。其实很多人都不会意识到,小时候单纯天真的想法可能会影响你的一生。小时候羡慕别人生活条件好的,以后会倾向于选择赚钱多的行业;小时候好打抱不平、帮助弱小的人,长大后更乐意与人打交道,为社会服务⋯⋯

　　就像小时候回答这个问题一样,对于将来,我好像一直没有考虑过很具体的职业,有的只是一种类似的庄严宣告。从小学到高中,我一直都埋头于所谓基础知识的学习中,我的同龄人也是如此,根本没有时间也没有那个意识去想我到底要做什么,那个时候的能力也决定了我不可能做出科学的职业规划,家长、老师和社会也只要求我们把基础打好就可以,我们无从选择。好不容易到了高考,填报志愿是我们的第一次人生抉择,不可谓不慎重,我们不断地咨询老师、同学、亲人,大部分人的选择都是当时所谓的热门专业,因为是热门,就不会人人都能进这个门,就会调剂到自己也许从未听过的专业中,即使进了这个门,慢慢地也会有很多人发现那并不是自己想学的东西。这种情况太普遍了,原因颇为复杂,有个人的因素也有社会的因素,有主观的原因也有客观的原因,不用细细追究,但这一现象却会造成很大的资源浪费,这么多人的错位也算是社会资源配置得不合理了。如果大家都能提前进行职业规划设计,也许就不会有诸多遗憾。所以,当我们迷茫地度过了最宝贵的大学时代后,才来问自己究竟要做什么,不算早,也还不算太晚。以前的日子,权当是学会了基础知识,学会了基本能力,学会了怎么做人,然后,磨枪上阵,开辟自己的一片天地。

　　我很庆幸我自己做出的选择,虽然我没有正式地想过我的职业规划,一直以来走得也很糊涂,但我现在所学的专业——法律,和我小时候的为人民服务的目标还是一致的。法律职业毫无疑问是一门实践性很强的社会服务型的职业,它有社会型工作的特点:能坚持正义,讲究同事之间的真诚相待,为人诚实可信,能平等待人,不欺弱媚上,不卑不亢,与同事相处融洽和谐,民主开放,重义轻利,讲义气,待人真诚,共享成功与失败的高兴与悲痛,热爱和平,愿以自己的工作造福社会,对弱者富有同情心,心地善良,愿意参与救灾济贫工作……。我做了这份职业价值倾向的测评,结果显示社会型的分数最低,说明我做的选择是符合我的价值观的,而且我现在读研所做的就是要为我的职业进行知识储备。

　　虽然我已经确定了我的职业价值取向和职业道路的方向,但我还没有真正迈出职业道路的第一步,所有的东西都还只是构想,就算是法律职业,也还有法官、检察官、律师之分,还有工作地方的选择、事务的具体方向的选择等。考虑到我目前的现状、所处的环境,首先,我应该给自己一个社会角色的定位,我是一名在校研究生。具体的情况和特点是学校比较特别,它是国内著名的清华大学,学术气氛浓厚,有一定的品牌效应,但是在深圳研究生院,环境和资源有很大的不同,优点是地方僻静、生活条件还可以,因此能够静心学习,并且学校配备了非常专业的老师,我从他们的言谈举止、渊博的学识、严谨的治学态度已经得到了不少启发;缺点是学习资源不够丰富,并且社会活动特别少,没有什么接触外界的机会,很不利于人际交往和社会关系网的建立。鉴于目前的状况,改变环境的可能性不大,这就要求我们自己要适应这个环境,努力把不利因素变为有利因素。第一,当然是要把专业知识学好,法律职业的优势之一就是它的专业性,同医生工作一样,普通人是替代不了的,这就要求法律工作者的专业功底非常深厚,我想在这三年中制订一份可行的学习计划,争取高效率地学习,在最短的时间内学到最多的知识(也算是形势所迫),把法律学科的基础理论和专业技能学好,提高竞争优势。第二,争取参加社会实践的机会,特别是暑假期间,深圳特区生产经济活动非常活跃,对我们来说是一个练兵的好地方。

　　现实状况比较清晰,制订计划也比较容易,三年之中的可预测性很高,至于以后的情况,因为没有专业的指导,考虑得定然不会很周全,课堂时间又很有限,也没有机会得到老师的亲自教诲,甚是遗憾,只能说说自己一些简单的想法。法律这一职业,在大多数国家,尤其是法律制度较健全、经济发达的欧美国家,一般都是先从律师做起,因为律师入门比较容易,接触社会实践广泛,可学到的东西、积累的经验很多,从律师转到法官、检察官是很自然合理的过渡,所以我在读研的三年期间,一定要通过司法考试,拿到律师职业资格证书,走向社会的第一个选择就是当律师,先在律师事务所实习一年,可以独立处理案件后就正式挂牌,积累三年经验后条件允许的话就和同行合伙自己开律师事务所,这时有条件了也可以考虑兼职其他社会职务,如法律顾问、兼职教授、法官助理或法院、政府、检察院、企业可以从事的其他职务等。另外,我也一直有个梦想,就是希望能到香港律师行工作,这也将是我的努力方向,只是除了知道学好英语、学会粤语、学会香港法律之外就毫无头绪。

回到现实,我还只是个在校学生,社会工作经验还是一片空白,需要学习的知识和借鉴的经验还非常多,但我明白学习是个循序渐进的过程,不能操之过急,学习也是科学的过程,需要一定的方法,学习同样要讲究效率,尤其是我的时间非常紧张。因此,我的原则是放眼未来,充满自信,做好现在。

[王老师点评]

如果你想到香港律师行工作,根据我的了解,香港比较学术的这些行业都比较看重西方的学位和经历,可能你最好能争取到美国或英国读一个法律的硕士或博士学位。你现在可以做的事情,起码可以与一些香港律师取得联系,比如通过电子邮件,问问他们,要想到香港律师行工作需要具备哪些资格和条件。

第 23 章

物流信息化方案咨询师

肖 毅

职业生涯管理是近年来发展起来的一种颇受关注的人力资源管理技术与课题。其规划过程是个人根据自身条件和外部环境制定自我职业发展的目标,并选择达到目标可靠手段的方案设计,实际上这是一个自我认识、自我肯定、自我成长并且最终自我实现的个人发展过程。本文中作者将尝试按照职业生涯规划的基本步骤制定出符合自身条件的规划。

1. 志向

首先是确定志向,因为志向是事业成功的基石。我的志向是能在流通现代化事业中有所作为。所谓流通现代化,指的是现代科学技术基础上的物流、信息流等。结合自己的专业,我所指的可能更偏向物流。由于科学技术是不断发展的,所以流通现代化是一个动态的概念,每一段时期内都应该有预定的目标,具体的目标我将在稍后详述。我之所以选择这个方向,是因为流通是关系到国民经济发展的战略问题,也是联系生产和消费的关键环节。现在的流通领域尤其是物流领域无论是手段、设施还是体制都无法适应市场经济的要求,无形中花费了大量的流通成本,最终造成了物流不畅、周转缓慢和效益低下等连锁反应。所以,流通现代化的最终目标是提高效益和效率,只有这样,中国的企业才有可能在市场上真正赢得主动。

2. 自我评估

下面是自我评估。只有认识了自己,才可能选定适合自己发展的职业生涯路线。首先从欠缺处入手。我认为自己最大的缺点就是人际交往能力太差,虽然我尽量在寻找弥补和克服的办法。从这方面来说,我不喜欢也不适合从事市场、HR等职业。从另一个方面来看,我不是一个独立性格很强的人,我喜欢参与到团队里去,可以和他人默契合作。本科期间,我和不少同学做了一些 SRT 项目或其他兼职项目。我理想中的公司(如 Google 公司)就是要有一支高水平、富有创造力的团队,而且我希望我就是这支团队中的一员。

我学过什么? 我本科学的就是工业工程。工业工程本身就是一门交叉学科,有很多研究方向,如偏向管理的供应链研究,偏向工科的设施规划等。本科期间学过的专业课有人因学、供应链管理、运筹学、设施规划、系统建模与仿真、MIS 和质量管理等。其中,我比较感兴趣的几个领域是 MIS 和物流,后来毕业设计的题目就是跟这两个方向相关的。因此,我自学和选修了很多信息方面的内容。大三期间选修了计算机网络基础和计算机信息管理,大二后开始学习 Delphi、数据库和Web 开发的内容,并且积极参与 SRT 项目,巩固自己学习的知识。大四期间利用自己学习的知识做了几个兼职,锻炼了自己的能力,也长了不少见识。

我自认为自我性格优越的一面是创造性。在遇到困难时我不会轻易去向他人求助,而是先想想在现有条件下如何解决这个问题,可能需要哪方面的技术,如何更好地用新技术解决这个问题。通常能收到较好的效果。在学习过程中经常能蹦出一些好点子来,仔细考虑可行性和可用性后我会花很多时间来实现。过去的两三年间,我写过不少程序,做了一个网站,虽然实现过程并不难,用的技术也很大众,但是思路比较新颖,现在的运行效果还不错。另外我比较关注时事,尤其关注信息方面的新进展。我相信"知讯者生存"是有道理的。

3. 职业生涯机会

我觉得现在正是物流产业的春天,又正逢物流现代化的良好环境。以前流通现代化的一个很大障碍是成本问题。在国外,物流等很多行业很早就已经实现用EDI 交换数据,而在国内,由于成本和观念问题,人工的介入仍是数据交换不可缺少的,这不仅降低了效率,而且妨碍了标准化制度化的实施。现在,互联网的第二个春天已经来临,基于 Web 的各种技术日新月异,在 Internet 基础上的各种物流信息技术业已经成熟。这些技术不仅成本低,而且兼容性高,具有平台无关性,非常适合于物流这种行业(物流经常需要在上层系统(如 ERP)和下层系统(如WMS)间交换数据)。在设施跟得上的前提下,物流现代化将使相关领域的产业发挥出巨大潜力,加快与国际相同领域的接轨,进一步发挥群体功能和效益。

2004 年 10 月份,美国物流协会年会召开。美国国防部和沃尔玛共同主持了讨论物流中最先进的射频标识技术 RFID 论坛。RFID 技术,就是将最新的信息技术与管理技术和物流活动相结合,其技术概念之新,就像当年开发出来的 Internet技术,最后大面积民用成为信息经济的源头,RFID 技术必将领导物流业供应链技术的新潮流。可以看出,物流行业的现代化是很有发展潜力的。

以上讨论的是职业生涯机会的有利条件。不利条件是,国内的很多技术引进总是慢半拍,经常错过各种发展机会,结果后来在市场上就很被动。

4. 职业的选择

根据自己的性格和志向,结合自己的兴趣,我给自己定的职业目标是物流信息化方案咨询师,团队工作,能根据企业的条件和形势给出合适的解决方案。国内的物流咨询行业尚处于起步阶段,而国外这方面的企业已经发展得很成熟,如 SAP 公司。他们拥有丰富的物流管理咨询和企业信息化建设经验的管理咨询团队,对物流业及制造业、连锁业、商贸业等行业的物流活动有深刻的研究,可为企业提供系统的解决方案。国内咨询企业的优势是它们更了解中国企业的行为方式,因此发展前景也不容小视。

5. 职业路线

我想先走专业技术路线,积累企业信息化建设经验;然后,在恰当的时候走物流管理路线。等积累了一定的经验后,向咨询方向发展,达到自己的职业目标。

6. 职业生涯目标

对以上的分析进行总结,我确立了以下的职业生涯目标(10 年,太长远的还看不清楚)。

(1) 一年内:学好专业知识,积极扩展知识面,继续学习信息技术等相关内容,提高英语水平。

(2) 两年内:积累项目经验。

(3) 5 年内:力争在专业领域有小成就。

(4) 10 年内:进入物流管理领域。如果条件合适,创立自己的咨询公司。

(5) 能力目标:10 年内组织管理能力有大幅进步。

(6) 人生目标:在物流领域有所作为。

7. 制订行动计划与措施

为了达到以上目标,行动成了关键的环节。落实目标的具体措施包括如下。

(1) 努力学习专业知识,多看学术期刊和专业论文。

(2) 扩充知识面,保持对相关领域各种形势的警觉。

(3) 努力克服自己的缺点,在各方面发展和完善自己。

(4) 学好外语。

（5）工作方面，先争取进入外资企业工作。

（6）采取措施提高工作效率和业务能力。

（7）工作后主动学习，"吾生也有涯，而知也无涯"。

（8）有计划地创新，并尽力实现。

8. 评价和回馈

有很多因素可能影响职业生涯。有些变化的因素可以预测，有些变化则难以预测。因此，我应该每年对职业生涯规划进行评估和修订。如有需要，应该进行职业的重新选择和职业生涯路线的重新选择，或者实施措施与计划的变更。

9. 结束语

这是我第一次比较系统地思考自己的人生方向和职业方向，感谢王老师给了我这个机会。行文不太流畅，还望见谅。

[王老师点评]

你选择的职业与你对自己的分析、我对你的了解很符合，所以我相信你的目标一定能实现。所以没有太多建议，就按照计划执行吧！

第24章

跨国企业代理商

毕 涛

24.1 自我评价

1. 个性

首先是我的自我感觉。总的来说,我自认为如下。

(1) 我是一个比较内向的人,感情比较丰富细腻,容易自卑,固执,喜欢钻牛角尖。

(2) 获取信息往往凭直觉而不愿用理性思考,比如对一个人或一件事的理解常常是通过感觉,如果对一个人的感觉不好,就懒于跟他交往,而且死不悔改。

(3) 思考问题时常凭直觉,而缺乏理性和分析。

(4) 做出判断时常感情用事,被个人好恶左右。

(5) 十分注意别人的感受,认为"家和万事兴",喜欢和稀泥,极不喜欢和别人发生争执。

进一步分析,从好坏两方面讲,可以分为下面几个方面。

1)主要优点

(1) 虽然比较敏感,但非常崇尚内心的平和,看重个人的价值,忠诚,不会犯原则上的错误,更看中自己的精神生长。

(2) 外表看起来沉默而冷静,留给别人的第一印象不坏,容易让人产生信赖,再加上内心对他人的情感十分在意,善良,有同情心,善解人意,因此虽然交往上不主动,但人际关系比较好。较重视与他人有深度、真实、共同进步的关系,希望参与有助于自己及他人的进步和内在发展的工作,欣赏同类的人,这样虽然可能交际面不会很宽,但能交到真朋友。

(3) 较有独创性、有个性,因此留给别人的第一印象深刻,这一点加上上面一点往往会产生让人进一步理解的冲动;好奇心强,思路开阔,有容忍力。乐于探索事物的可能性,基本上算是个怀疑主义者,因此兼容并包,善于学习新事物和别人的长处;致力于自己的梦想和远见。

(4)喜欢探索自己和他人的个性,这一点很突出,比如我常问别人"你喜欢什么"而不是"你是做什么的",已经把圣埃克苏佩里中的小王子引为知己;一旦全身心地投入一项工作时,往往发挥出冲刺式的干劲,全神贯注,全力以赴,可以算得上是废寝忘食;对人、事和思想信仰负责,一般能够忠实履行自己的义务。

2)主要缺点

(1)由于喜欢追求完美,就会花很长时间酝酿自己的想法,结果效率比较低,这一点甚至在玩一些电脑游戏上都能体现出来,常反复地读档以期出现自己满意的结果;难以用适当的方式来表达自己,这就像日瓦戈医生所说的,观察本身就像火车头的探照灯,对外而不能对内,否则就是迷失和挫败,深以为然,自己就常常迷失在自我中不能自拔,这样就更不能做些别的事情。因此,我需要更加注重行动,而不是耽于幻想。

(2)由于性格使然,结果经常忽略逻辑思考和具体现实,沉浸于梦想;当意识到自己的理想与现实之间的差距,就容易灰心丧气,怨天尤人,就像一部电影里说一个人如果迷失在郊外而死去,其死因往往是悔恨,悔恨蒙住了一切理智的思考,只知自问为何会如此不明智以致陷入如此境地,悔恨不已,最终死去;我还不愿听取他人更实际的建议,去考虑方法的现实性和可行性,而是固执地一意孤行直至事情无可挽回。

(3)异常固执,经常局限在自己的想法里,对外界的客观具体事物没有兴趣,比如作为一个男生,对体育基本毫无兴趣,从不读报,偶尔上网看看新闻,不知法国总理姓甚名谁等。

(4)由于追求完美,总是用高标准来要求自己,投入太多的感情,导致对批评相当敏感。压力很大的时候,则很容易产生自卑情绪,暴躁异常,会非常怀疑自己或他人的能力,而变得吹毛求疵,又爱瞎判断,对一切都有抵触情绪。

总的来说,我属于内向、敏感、直觉、情绪化的安定型、保守型人。

2. 兴趣

由于性格的原因,对一种事物不容易产生持久的爱好,造成的结果就是杂而不精,例如,曾对音乐、绘画、游泳、花样滑冰、天文学、历史、军事等都产生过兴趣,但最后都没有坚持下来。迄今为止唯一比较稳定的爱好就是读书。虽然没有激情十足的爱好,但从以前所喜欢过的事物也可以看出,我比较偏重于富于想象力和美感的项目,而对分析计算几乎从来没有产生过兴趣。

3. 特长

迄今为止还没有特别明显的特长。

4. 智能

算是比较聪明的人,曾测出智商达 140;但长于形象,短于逻辑。

5. 情商

较低,常常不能控制自己的情绪,易于产生抑郁悲观的情绪。

6. 价值观

相对物质生活,更注重精神生命的成长,因此无论如何对周围的人羡慕宝马等之类的事物不能产生共鸣。

24.2 职业选择

首先分析我在工作方面的优势和劣势,基于此去选择适合我的职业。

1. 优势

(1) 忠于职守。
(2) 考虑周到细致且能集中注意力深入某个问题或观点。
(3) 渴望打破常规思考,并考虑新的可能情况。
(4) 进行所喜欢的工作使自己振奋鼓舞。
(5) 擅长独立工作,能与我尊敬的人保持频繁、有意义的支持性交流关系。
(6) 对收集所需信息有一种天生的好奇与技巧。
(7) 能统观全局以及看到意识与行为之间的联系。
(8) 能洞察别人的需要和动机。
(9) 适应能力强。
(10) 能够理解他人,在一对一的基础上能极好地与人工作。
(11) 重视安全和保障。

2. 劣势

(1) 需设定方案或计划,否则会很快失去兴趣。

（2）有变得无秩序性的倾向，很难把握优先处理的事。

（3）不愿做与自己价值观相冲突的工作。

（4）天生的理想主义，这样很可能得不到现实的期望。

（5）讨厌以传统的或惯常的方式行事。

（6）很难在竞争的、气氛紧张的环境中工作下去。

（7）在处理及完成重要细节问题上缺乏纪律或原则性。

（8）在与那些过分顽固的组织和人们打交道时没有耐心。

（9）在预计做某事要求多长时间时有不切实际的倾向。

（10）不愿惩戒直接肇事者，不愿批评别人。

（11）如果工作没有展示坚信的目标发展，就可能会垂头丧气。

（12）想法不易进行必要的改变。

（13）斗志不足，容易松懈，通常不愿付出过多的努力。

（14）缺乏挑战精神，对失败和挫折的承受力差。

3. 适合我的岗位特征

（1）在一个注重合作、没有压力和人际冲突的环境中，与其他富有创造性和同情心的同事一起工作。

（2）在一个没有太多限制、灵活的机构中工作，有私人的工作空间和足够的时间。

（3）工作符合我的价值观，能够帮助他人成长和发展，挖掘他人的潜力。

（4）工作允许我能深入地与他人沟通和合作，理解、帮助、激励他人，并有机会接触到一些牛人。

（5）在工作中，可以充分发挥我的创造力，并能得到鼓励和嘉奖，自己的能力不断得到提升。

（6）有足够的时间来深化我的想法，并为实现它们而坚定地工作。

基于此，适合我本人的岗位基本有以下几种。

（1）记者、娱乐业人士、建筑师、演员、编辑、室内设计师、制片人、艺术指导等。

（2）顾问、心理学专家、社会工作者、人文/艺术教授、口笔译人员、职业顾问、医学顾问等。

（3）营养学者、健康护理医师、整容医师等。

（4）人力资源人员、人力资源顾问、企业培训师、项目经理等。

然后考虑社会环境和组织环境的影响，如下。

1）社会环境

（1）社会经济发展水平。在经济发展水平高的地区，企业相对集中，优秀企业也比较多，个人职业选择的机会就比较多，因而就有利于个人职业发展；反之，在经济落后地区，个人职业发展也会受到限制。

因此，我会选择留在某个大城市里，比如北京、上海或深圳等。

（2）社会文化环境。包括教育条件和水平、社会文化设施等。在良好的社会文化环境中，个人能受到良好的教育和熏陶，从而为职业发展打下更好的基础。

这一点是我较为重视，我不能忍受没有文化氛围的地方。因此会选择文化氛围比较浓的城市居住。

（3）政治制度。政治不仅影响一国的经济体制，而且影响企业的组织体制，从而直接影响个人的职业发展；政治制度和氛围还会潜移默化地影响个人的追求，从而对职业生涯产生影响。

基于此，我迫切希望能在跨国的大公司工作，就算不出国，也不用太受"单位文化"的煎熬。

（4）价值观念。一个人生活在社会环境中，必然会受到社会价值观念的影响，大多数人的价值取向，甚至都是为社会主体价值取向所左右的。一个人的思想发展、成熟的过程，其实就是认可、接受社会主体价值观念的过程。社会价值观念正是通过影响个人价值观而影响个人的职业选择。

2）组织环境

（1）企业文化。企业文化决定了一个企业如何看待它的员工，所以，员工的职业生涯是被企业文化所左右的。一个主张员工参与管理的企业显然比一个独裁的企业能为员工提供更多的发展机会；渴望发展、追求挑战的员工也很难在论资排辈的企业中受到重用。

（2）管理制度员工的职业发展，归根到底要靠管理制度来保障，包括合理的培训制度、晋升制度、考核制度、奖惩制度等。企业价值观、企业经营哲学也只有渗透到制度中，才能得到切实的贯彻执行。没有制度或者制度定得不合理、不到位，员工的职业发展就难以实现，甚至可能流于空谈。

（3）领导者素质和价值观。一个企业的文化和管理风格与其领导者的素质和价值观有直接的关系，企业经营哲学往往就是企业家的经营哲学。如果企业领导者不重视员工的职业发展，这个企业的员工也就没有希望了。

综上，我目前的考虑是选择一家位于大城市的跨国企业做代理商，比如做德国西门子公司在北京的代理商。

24.3　确定职业生涯目标

1. 人生目标

活得明白，至少知道这辈子没白活，死的时候即使有牵挂也不会迷茫和恐惧。

2. 长期目标

身体健康，兴趣广泛，有一个比较幸福的家庭；在一家跨国公司里担任一定地位的职务，薪水较丰厚，至少不会天天疲于奔命；比较有成就感，至少不会天天生活在挫败感中。

3. 中期目标

设法进入一家跨国公司，比如西门子公司。

4. 短期目标

尽快毕业，出国继续深造，学有所成，获得一技之长。

[王老师点评]

看了你对自己的分析，我有一种感觉，觉得你做跨国企业的代理商有些可惜了，你身上的很多优势可能在这个工作岗位上没有办法充分发挥出来。

或许你可以考虑咨询顾问的角色，比如去一家跨国的咨询公司。因为你的性格属于感情细腻，又喜欢探索他人。咨询顾问赶项目的时候特别需要你的这种精神。

你喜欢追求完美，这样一来，你提交给客户的咨询报告的质量肯定会有保证。

你的兴趣很广泛，"音乐、绘画、游泳、花样滑冰、天文学、历史、军事"。而作为咨询顾问，由于其服务的顾客的行业各不相同，需要具有比较广博的知识。按照你的智商和兴趣广的特点，相信可以很快熟悉并掌握你所遇到的咨询客户的行业知识。

最主要的是，你的价值观是"相对物质生活，更注重精神生命的成长"。这样的人一般都比较乐于助人，帮助别人解决难题，并且在帮助别人解决难题的过程中使自己的能力水平不断增长。实际上，咨询顾问的收入都不会低，所以虽然你不在意物质生活，但往往却得到很好的物质生活。

你再回顾一下自己的优势：

"擅长独立工作，能与尊敬的人保持频繁、有意义的支持性交流关系"——这非常符合咨询顾问的职业特点，即独立开展工作，与顾客保持持续不断的联系，以便不断地从老客户那里争取新单子。

"对收集所需信息有一种天生的好奇与技巧"——顾问的大部分工作就是收集信息。一个著名的讽刺某咨询顾问公司的笑话说：顾问就是拿来顾客的手表，然后告诉人家几点了，临走又忘记把表还给人家的人。

"能统观全局以及看到意识与行为之间的联系"——这是做顾问的天分，而你正好具备了。

"能洞察别人的需要和动机"——这个天分除了可以做顾问，还可以用在很多职业场合，比如保险推销员。

"适应能力强"——给不同行业、不同地区的企业做咨询，适应能力不强那肯定不行。

"能够理解他人，在一对一的基础上能极好地与人工作"。

"重视安全和保障"——每次做完咨询项目，你都可以安全地把咨询费带回公司，交给财务，这也是老板关心的重要任务。

而你的那些劣势对于做咨询顾问来说，其实都是优点：

"设定计划和方案"——顾问出门见客户当然要事先设计好计划。

"讨厌以传统的方式行事"——你的咨询报告与众不同，方显你的专业水准，当然要创新了。

你再想想，是不是开始觉得做咨询顾问适合自己呢？

第 25 章

我的创业规划

彭 坦

25.1 序言

个人职业生涯规划是指结合自身情况以及眼前的机遇和制约因素,为自己确立职业目标,选择职业道路,确定发展计划、教育计划等,并为自己实现职业目标而确定行动方向、行动时间和行动方案。作为一名清华大学电子工程系未来的博士,我对职业生涯规划更有独特的目标。成功的个人职业生涯规划可以使自己避免多走弯路,从短期来看是可以明确自己的就业方向,找到理想的工作。从长远来说,可以更高效地实现自己的人生价值,将有限的精力投入到自己更感兴趣的事业中。下面我就自身的特点和经历为自己过去两年的职业生涯做一个阶段性总结并对未来做一个初步规划。

25.2 审视自我、强化优势、挖掘潜能、开拓自我

一位哲人曾精辟地指出:"性格决定命运,气度决定格局"。的确,自身的某些特定的素质会或多或少地影响个人未来的发展道路。这其中无可否认有天赋的作用,但更多的是后天家庭、社会和自我经历综合形成的。在制定我自己的个人职业规划之前,首先应当综合全面地重新审视一番自我,唯有"知己知彼"方能在未来的职业生涯中找到自己的位置,进而发挥自己的优势,避免自己的相对弱势,开拓创新,不断迈向人生的目标。

1. 性格

我属于外向型的性格,非常重视处理人际关系,容易觉察出他人的需要,并善于给他人实际关怀,待人友好、善解人意并有很强的责任心。有比较好的口才,说服别人对我来说并不是一件很难的事情。

一般我做事情之前会有比较好的规划,决断力较强。看到周围的人舒适和快乐,也会感到快乐和满足,很健谈。平时比较热情,有活力,乐于合作,有同情心,机敏圆滑。做事情、处理问题很注重实效性,有条理,做事彻底,有一致性,对细节和事实有出色的记忆力。

从领导力方面来说,我比较喜欢组织众人和控制形势,与他人合力圆满又按时地完成任务。喜欢安全和稳定的环境,支持现存制度,注重并很好地遵守社会规范。忠于自己的职责,并愿意超出自己的责任范围而做一些对别人有帮助或有益的事情,在遇到困难和取得成功时,都很积极活跃,希望付出能得到回报或赞扬。

在北森公司为清华大学学生所做的职业测评中,我的成功愿望、挫折承受力、人际交往能力均接近满分。

注:上面对自我性格的评价参考了北森公司为我做的测评中的数据。

2. 教育

"十年树木,百年树人",教育对于一个人的成长来说是至关重要的。据美国一项权威调查显示:一般来说一个人以后所能达到的最高成就与其所受的教育,特别是高等教育有直接的关系。下面是我的个人教育情况。

1995 年以全市前十的分数考入深圳中学超常教育实验班(全市 3000 多名小学生中仅招收 30 个人),以 5 年时间完成常人需要 6 年的初高中课程,并在语文、数学、物理等科目屡次获得各种全国竞赛奖项。

2000 年,跳级进入中山大学电子与通信工程系学习,并年年获得中山大学优秀学生特等奖学金和一等奖学金,并获得中山大学优秀毕业生奖。

2004 年,由于自己优异的学习成绩和出色的科研能力,被保送清华大学电子工程系通信与信息系统专业直接攻读博士学位。

3. 经历

我个人的兴趣爱好比较广泛,也非常乐于参加各种活动,有很好的组织活动能力,而且乐此不疲。能和各种人有效地沟通和协调工作,让大家都乐于参与其中并都有所收获。

在四年的大学期间我历任中山大学团总支副书记、校广播台总编辑、院刊的总编辑,并成功从很多高科技企业(如 IBM)争取到赞助举办各种学生活动。

2002—2003 年,我作为中山大学校辩论队成员参加中央电视台举办的全国大专辩论赛并一举获得全国冠军。

2002 年广东省税法辩论赛团体第二名。

2001 年参加中山大学英语演讲比赛获得一等奖。

在大学四年期间,由于我仪表堂堂,口才很好,所以多次主持大型活动,如"百事眩越夜"等。

这一系列的课外活动不仅锻炼了我的管理组织和演讲辩论才能,同时开阔了我的眼界,让我学会如何更自如地和社会上形形色色的人打交道,并从中充分发挥每个人不同的特长来综合完成最后的目标。我想这点尤其对于在一个大型企业中如何协同合作共同完成最后的目标也是打下了良好的基础。

在科研方面,我作为研究助理在中山大学信息安全实验室工作了两年,在此期间参与完成了多个省部级科研项目,其中一项已经通过了广东省的专家组的鉴定。同时我也是学校机器人队机器人视觉组的组长,主要负责机器人的视觉获取和感知部分的复杂设计与实现,并代表学校参加了全国大学生机器人大赛。

另外,在寒暑假我也积极投入到社会实习中去。毕竟当前大学所教授的知识与社会上的有一定差距。我先后利用两个寒暑假进入移动寻呼产业的龙头公司——润讯通信和国通证券公司进行实习工作。在两家公司我分别在技术部和人力资源管理部从事工作,并跟随它们的部门经理一起处理日常的问题,开会、制定方针等。从中我学到了很多有益的实际工作经验和处理棘手问题的方法和技巧。

25.3 放眼社会,结合自我,规划人生,展望未来

25.3.1 放眼社会

随着知识经济的到来,科学技术的迅猛发展,知识正作为一种全新资本、一种关键性的生产要素进入经济发展过程。企业生存以及经济效益的提高越来越依赖知识创新。信息技术及其产业化的迅猛发展,促进了知识经济在全球范围内的兴起,引导投资向高技术产业和以知识为基础的服务业流动,加速了世界经济一体化和服务全球化的进程。知识的占有和先进技术的发明与应用已成为企业乃至国家在激烈竞争的市场环境中生存和发展的关键。它不仅改变着发达国家之间经济竞争力量的对比,更深刻影响着发展中国家未来的命运。

电子通信及其相关产业作为高新科技的领头羊近几年来得到了国家每年超过30%的科研资金投入和各种政策的大力支持。作为国家 21 世纪的支柱产业和关系国家安全根基的支柱产业之一,电子通信技术成为了国家未来重点投资开发的产业,温家宝总理曾指出:"知识经济对中国的未来至关重要,知识经济是中国获得成功和繁荣的最佳途径。"

国家统计局普查中心依据第二次全国基本单位普查资料对中国知识经济产业发展状况进行的测算显示,全国对于高科技复合管理型人才的需求可谓有增无减。中国目前普遍短缺高层次复合型、创新型人才和学术带头人。从目前情况看,知识产业发展将创造大量的就业机会,同时又需要大量与知识经济时代相适应的中高级人才。根据这一预测,计算机、通信、电子类人才的社会需求量会越来越大。

当然,在看到我国只是经济快速发展的喜人势头的同时,也应当看到与发达国家相比差距还很大,主要表现在以下几个方面。

从知识经济产业内部构成看,我国知识密集型服务业发展明显不足。

从知识经济产业的技术含量看,我国知识经济产业技术含量偏低。我国高技术产业、中高技术产业技术含量仍非常低,与发达国家相比虽然同属高技术产业、中高技术产业,但技术水平处于全球高技术产业、中高技术产业的下游,国际竞争力不强。因此,严格意义上讲我国的中高技术产业只能视作一般产业,离知识经济产业的标准还有很大差距。

从教育、科技的投入强度看,我国知识经济产业发展的基础比较薄弱。我国研究与开发投入占 GDP 的比重约为 1‰,不足经济合作与发展组织国家平均水平的一半。我国教育与科技投入不仅与发达国家相比还有很大差距,而且也低于一些发展中国家的水平。教育、科技是知识经济产业赖以生存和发展的基础,长期的投入不足,其结果是难以为知识经济发展提供足够的高素质人才和先进的科技技术,也就难以支撑知识经济产业的快速发展。

25.3.2　结合自我

问题的存在也同时意味着巨大的机遇和挑战,中国社会的快速发展给我们提供了非常好的发展空间和契机。作为清华大学电子工程系通信专业的博士,我的目标是抓住我国大力发展知识经济的机遇,依托自己的知识积累和广泛的经历背景,首先进入国际知名高科技公司,积累经验。然后自己创业,创办大型跨国高科技公司,实现高科技产业化。在完成自己的个人奋斗目标的同时为中国迎接信息时代的挑战做出自己的贡献。

25.3.3　规划人生

在综合分析社会的当前形式和未来发展趋势并结合自身的特点的基础上,我的个人职业规划方案具体如下。

1. 2004—2009 年（知识经验积累期）

在这段时间里面，主要工作是保证高质量地完成清华大学电子工程系博士学业和科研论文工作，掌握通信方面最前沿的科技，并争取获得 2～3 项高水平的专利，为以后的工作打下坚实而全面的基础。在此基础上全方位地积累各种管理和经济类的知识和实际经验，广泛地参与学生活动并积极地与公司合作交流。随时掌握当前国家方向的变动和社会的发展，更新自己的知识库。

2. 2009—2013 年（创业储备期）

在顺利获得清华大学博士学位后，在我 30 岁之前，我会选择两条道路。

（1）申请到国外一流大学做博士后研究，继续完善并最终成品化我的研究成果。随后进入一家成熟的大公司，基于他们成熟的管理模式和机制，以技术为切入点，逐渐转向管理方面。在公司中锻炼自己掌管和处理具体公司事务的能力并深入了解它的运作体制和实际操作经验。更重要的是和一些重要的客户建立起良好的个人关系，为以后的创业打下基础。当然在公司的工作期间，应当以公司的利益为第一要素来进行考量。

（2）直接申请到国外著名的公司工作，以充分利用时间，达到最佳的时间利用率。在公司中同样可以利用时间完善自己博士期间的研究成果，并可以结合公司的项目要求进行创新的开发。同时可以积极转向管理方面。

3. 2013—2023 年（创业、发展期）

在国外积累了经验和知识，开阔了眼界之后，我还是毅然选择我的祖国——中国，作为自己施展抱负、开拓创业的土壤。我是中国人，我爱中国，中国会需要我们每一个中华儿女的努力和贡献。中国作为当今发展最快、人口最多的发展中国家，国家各项设施和制度日臻完善，同时广阔的市场需求和国家对高科技产业的大力扶持更是不可多得的优厚条件。通过在润讯通信、国通证券的实习经历，我认为在中国创业，特别是高科技产业需要具备以下三个条件：①自己独立的技术和专利；②一定的启动资金；③良好的社会关系和发展体系规划。其中，第一个条件已经在我的博士期间得到了很好的准备。第二个条件可以用自己在公司工作中积累的资金作为启动资金。第三个条件也已经在公司的工作中得到了建立和发展。至此，已经基本准备好了创业的软硬件铺垫。自我创业的定位和起点要高，只有高标准、高起点的定位才能让公司的各项发展均有明确的发展目的性。当然，创业的道路不可能是一帆风顺的，破产或许是其中必不可少的一课。但我坚信只有屡败屡战的精神,发挥出我较为出色的知识背景,管理组织才能和沟通能力终有一天会达到胜利的彼岸。"路漫漫其修远兮,吾将上下而求索"这一直是激励我为之奋斗的座右铭。

4. 2023－2033 年(成熟和收获期)

这个时候公司已经进入成熟和收获期,预计产值已经超过百亿元,并和其他跨国大公司建立起了良好的合作关系。公司的企业文化和机制已经得到了良好的建立和执行已经步入了良性循环的轨道。此时的我,应当更多地扮演终极管理者和调控者的角色,更多地从宏观上把握公司的未来走向和发展路线,从长远上来决策企业的发展。

5. 2003 年以后

我很愿意把我一生的经历和创业的经验最后总结出来,给下一代的年轻人作为某些方面的有益的借鉴。知识的传承也是一代又一代努力的结果,我希望能为之做出自己绵薄的贡献。

25.4 一点总结

以上是我的个人职业生涯的大致规划。当然,"计划赶不上变化",随着时间和机遇的不同,我也会"与时俱进"地做出一些调整,不断地修订自己的职业规划。我坚信"天道酬勤"的真理,我笃行"行胜于言"的校训,我奉行"开拓创新"的精神,只要我曾经努力过,曾经为我的目标无悔地奋斗过,那么,我就可以理直气壮地说:"我的人生是成功的!"

第 26 章

从物流工程师到职业经理人

孙　新

很小的时候就常常设想自己将来会做什么,科学家? 解放军军官? 律师? 那时候对我最有吸引力的是成为一名记者。

现在来看,成为一名记者已经十分不可能了。因为对其虽然还有兴趣,但我的能力完全在其他领域,并且我也认为成为一名出色的记者并不能实现自我价值。

年龄和人生的发展阶段要求我,现在需要一份人生职业规划。本文是本人诚实认真写出的,在未来也必将努力实践之,同时,对他人希望也能有些借鉴的意义。文章的脉络分为四部分内容:自我分析、清晰表述个人职业目标、发展环境与可用资源分析,职业规划。

(1) 作为一个想要成功的年轻人,我是什么样子的?

(2) 职业目标是什么? 如何理解这样一个目标?

(3) 为了实现这个职业目标,对于我个人来说,还有哪些有待发展之处? 两年内如何利用现有资源来发展改善这些方面? 客观环境条件会对我完成职业目标产生什么影响?

(4) 具体的可操作的职业规划方案。

26.1　自我分析

从价值、能力、兴趣、动力、人格 5 个方面深入剖析自我。其中前 3 个是自我认知和评定的,后两个是通过动力/性格测试(来自清华大学就业指导中心的职业测评)得到的。

26.1.1　价值

人生的价值有着向内和向外的两个方面:于内,在于达到最善;于外,在于奉献社会。"达到最善"就是说在人生中表现出自己的最佳水平,我把这一点看作是自我实现。人的境遇不同,先天的资质也不同,所以,对于一个人,重要的是做好他自己,而不是盲目地攀比别人——有人形象地把这种盲目比喻成"和猴子比灵活,和大象比体重"。我相信"人生的意义在于超越自己"。要达到最善的境界,包括自我修养和学习他人以及努力实践等多个环节。

"奉献社会"是指有意识、有目的地对社会进步做出一定的贡献。爱因斯坦说:"一个人的价值不在于他从社会得到了多少,而在于他为社会贡献了什么。"这是一种至高的境界,奉献社会,不但会赢得社会的尊重,更会获取对自我价值的认可,升华个人的人生,从而有可能创造一番伟业。比方说,带领一个大型企业集团,带动很多人就业,并为社会创造价值和财富。通用公司前总裁杰克·韦尔奇就是这样一个倡导者和实践者。

人只有努力实现人生价值的两个方面,才能开拓内心幸福的源泉,达到情感、理性、意志的和谐,以及内外两大调和——个人理想和个人实践之间的调和、个人理想实践和社会价值观之间的调和。

26.1.2　能力

什么是对于个人发展至关重要的能力呢?我具有什么能力?是显性的可以衡量比较的能力还是潜性的不易觉察的能力?同时,我还有哪些能力上的缺点?这些是重要而难以全面准确回答的问题。这里列举几条我个人认为比较重要的能力。

1. 自我管理与控制能力

自我管理与控制能力包括个人的理性和情感,控制目标和计划进程。在这方面,控制理性和情感的能力比较强,而控制目标和计划进程的能力较弱。主要原因是太注重质量,而忽视速度,或者注意了细节,忽略了全局的融会贯通。

2. 学习和开拓创新能力

学习能力比较好,分析能力很强,但是综合能力相对较弱,不如分析能力那么突出,所以开拓创新的能力还有待通过完成研究课题进一步发展。

还有此前学习过程中,有时注意接收而忽略了分析,还会对阶段性的结论认识不清。

3. 专业能力

现在我所具有的专业能力是"日语＋英语＋信息技术＋供应链管理"。所有的专业能力,均有待不断提高和具体实践应用。专业能力是迅速占据竞争位置,成为杰出人物的关键。

4. 表达和沟通的能力

表达能力很强,特别是对事理的表达,但是不擅于读出他人的心理变化,并且重大沟通的经验也比较少。

5. 思考力和行动力

思考,包括分析和企划的能力强,与之相比,行动和操作的能力比较弱。快速有效率的行动力,是今后必须要补充的地方。

6. 健康与快速适应能力

属于休息好了就精力非常充沛,一个人可以干很多人的工作,若休息不好或者休息时间不足就连一个人的工作量都无法完成的类型。所以严格休息和工作的界线对我很重要。对环境的适应速度比较快。

26.1.3 兴趣

对管理、经济、哲学的兴趣超过了对理科和工科的兴趣。由于是工科出身,现在的最大兴趣是如何把管理和工程结合起来。对于学习工程的多数学生而言,均要面临这一问题。

1. 当前的各种兴趣

(1)发展我的各项专业能力。最好能实际应用。
(2)体育健身。
(3)棋牌类、游戏类等。
(4)国学、传统文化和哲学等。

2. 职业兴趣

世上有多种行业、多种职业,同一职业内部也有较大差别。我对职业有这样的愿望：希望在一个优秀组织内工作，并且成为组织的领导人；工作的内容富有挑战性，最不希望千篇一律；喜欢需要调动各方面力量的系统性工作；工作不成为生活的全部，节假日有属于自己和家人在一起的时间；工作的作息时间最好总体比较稳定。

26.1.4 动力

根据清华大学就业指导中心的黑森职业测评，四大指标中，我影响他人、让他人按照自己的意志行事的影响愿望，承受挫折、敢于冒险的挫折承受能力，还有搞好人际交往的愿望属于比较强的，而做事主动、意志坚强的成功愿望属于中等。

这一结果虽然只是参考性的，但也使得我大吃一惊，一直以为自己的成功愿望是非常强烈的。对于此，只能以富兰克林的一句名言来自勉"在你开始做某事时，心中一定要有成功完成这件事情的必胜的愿望，否则你就不要做它。"

还有，此前我确实有时候爱出风头，有些事情有做给别人看的潜意识。而不是关注事情的结果本身。这个苗头是不好的，今后一定要改。转变为注重结果和效益，注重内在的自我认可中来。

26.1.5 人格

从黑森测试的结果来看我的人格各种特征不明显，4个指标中，只有性格外向和喜欢思考是中等清晰。感觉和直觉、判断和知觉的指标不明显。对此我本人的一种看法是我注意就事论事，具体问题具体分析，所以测评上没有清晰的结果。

根据自我认识和朋友们的说法，我属于性格开朗、幽默风趣、热心又积极向上的类型。同时，对自己和周围的人要求往往过于严格，有时固执听不进他人的意见。

对把人们鼓动起来，共同完成某件事情有所心得，不足之处是没有决心和恒心，或者说没有兴趣一直带动人们把这件事情最后圆满完成。

26.1.6 总结

我认为，要取得个人的发展，如在职场上实现目标，不取决于在某一阶段你有多大决心，也不取决于你用多少心思来盘算。"机关算尽太聪明，反误了卿卿性命"。真正需要的，大概只有两点：你一直喜欢该种职业，无论作为领导者还是执行者；你也总是可以把手边的各种任务出色完成。然后呢，积极主动想出一些办法，只需要一点点机会的眷顾，就能撬动成功的杠杆。

从上面提到的两点来看,对于"一直喜欢该种职业,无论作为领导者还是执行者",是由价值、兴趣、动力、人格等共同作用来保证的,而"总是可以把手边的各种任务出色完成"是由个人的能力来保证的。

26.2 清晰表述个人职业目标

短期职业目标是部门团队的领导者,善于带动团队完成项目,并且是所谓 II 型人才:一方面精通信息技术、物流和供应链管理;另一方面精通和客户打交道以及扩展国际业务。

中期职业目标是成功的经理人。从企业的业务层面进入带有技术背景的管理层面。掌握技术发展趋势和市场规律。

远期职业目标是国际化优秀企业的领导者,特别善于设定一个一个目标,带动团队一个一个实现。希望在企业留下个人思想的文化烙印,为社会提供有价值的服务,在学术上也能做出一些来自于实践的贡献。

经理人是职业,专家是身份,同时还是富有开拓进取、锐意成功精神的思想者。

26.3 发展环境与可用资源分析

短期目标相对容易实现。流通领域、企业供应链管理领域、物流领域在当前和可见的未来急需大量人才。特别是真正可以"做事"的人才。中国逐渐成为世界工厂,懂外语和技术的人才也将越来越走俏。中国的市场经济处于渐渐从无序走向有序,给有才能的年轻人更多的发展空间。总的来说,对我而言潜在的发展环境很好。

我现在清华大学深圳研究生院学习。软硬件条件虽然不如校本部,各项资源还算比较丰富。但对于日语实践和到公司实习不利。

中远期目标还需要提升一些潜性能力。多进行经济、人文、管理、社会学科方面的训练和熏陶。

26.4 职业规划

1. 在研究生毕业前

(1) 明确职业目标和现实的自我差距,利用各种资源,千方百计提升自己的水平。

（2）争取 1～2 个去一流公司的实习机会。

（3）独立或者组织完成 2～3 个项目。

2．研究生毕业

（1）毕业时选择供应链管理、流通领域或者生产领域行业内先进的公司任职，最好是提供行业解决方案的公司，或者是有名的咨询公司。

（2）在当前的就业形势下，"择业"一词并不准确，因为毕业生是被选择的而不是去选择。我的看法是首先找到好的公司，其次考虑职位。

（3）公司的地点在北京。

3．参加工作两年

（1）找到可以学到东西并且具有发展空间的职位。外语能力得到相当充分的锻炼和应用，完全熟悉行业的难题和顶尖技术。

（2）锻炼带领团队组织项目实施的能力。

（3）月薪 7000～10 000 元。

4．参加工作 5 年

（1）实现短期目标，并且有较丰富的实际操作经验。对于问题能够提出专业级的解决方案。

（2）掌握新技术，完全熟悉公司运作，有对外业务或者海外项目经验。

（3）年薪 200 000～300 000 元。

5．参加工作 8 年

（1）实现中期目标。从具体的业务和项目转向注重企划、实施和管理。

（2）全面提升管理企业的能力。补充管理、财务和人文的知识。

6．参加工作 10 年后

以远期目标为导向，书写新的职业发展纲领，并可以考虑改变一下发展模式，比如跳槽或者自立门户等。

第 27 章

想做与人打交道的工作

D 生

　　企业竞争即人才的竞争,随着我国加入 WTO,国外企业对我们的国内市场时常虎视眈眈。它们凭借资金、人才、管理等优势威胁国内企业的生存与发展,特别是创业刚起步羽翼未丰的中小型企业。如何抓住机遇、发挥我们的优势? 调整人力资源管理的战略,把"稳定、发展、科学"作为战略方针,塑造企业文化、提高员工素质、造就具有企业特色的人才,从而接受 WTO 的挑战,这已经成为国内企业所面临的最为迫切的问题。

　　即使抛开国外的企业的影响因素,从国内的发展情况来看,随着市场经济的高速发展,企业的快速转型,人力资源管理也已经成为企业管理中所要考虑的至关重要的方面,因为它直接影响公司员工工作的综合表现,进而对企业的效益产生影响。科学、有效、合理的人力资源管理已经成为绝大多数企业所追求的目标,各个企业都根据自身的特点在招聘选才、绩效考核、薪酬福利、职位分析、培训发展、法观制度等方面制定了相应的政策。通过这学期选修王强老师所开设的选修课"人力资源管理",我对 HRM 的各个方面有了一定的了解。21 年的人生经验告诉我(虽然我现在还远不成熟,接触的人和事都还十分有限),与人打交道是一门需要终身学习并且最为微妙有趣的学问。虽然我们现在只是一名微不足道的学生,但我们将来走上工作岗位后,无论我们处在什么样的位置,懂得人力资源管理这门学问对我们来说是十分有用的。因为在企业中,员工的分层制度决定了我们许多人不仅是管理者同时也是被管理者,我们在受上级的管理的同时也要对自己的下属进行管理,因此,可以说人力资源管理这门学问无处不在。不过我们现在还是一名学生,还无法到企业中去接触或实践真正的人力资源管理这门学问。换而言之,正如王强老师所说的:现在教给我们的是屠龙之术,可惜的是无龙可屠。我想,以我们现在作为一名学生的身份,最重要的是对自己的职业生涯做一个详细的规划,依据自己的喜好、性格和能力对自己进行正确的定位,这样将有利于我们步入社会后很快地找到自己的位置,发挥自己的特长,从而脱颖而出,这样我们就可能有机会更多地接触和实践人力资源管理中许多关键的环节,甚至行使决策权,施展屠龙之术。接下来我想从自己的性格出发对自己的职业生涯进行一个比较粗糙的规划。

在父母、老师、同学的眼里,我从小就是一个十分努力、上进、好强、不服输的人。不过我觉得自己的人生好像一直不太顺利,尤其是在一些人生比较重大的转折点处。记得我初中毕业时考我们省最好的重点高中的理科实验班以 2 分之差落选,高考时放弃保送浙江大学的机会一心想考清华大学,结果又因为生病发挥失常与之失之交臂,考研时我取得初试第二名的成绩却因为复试时笔试考得很不理想而不能留在学校本部。不过我发现自己每次受挫之后并不会一蹶不振,而能够经过一段时间恢复过来以后又重新开始奋斗,并且每次在新的环境中,即使不是我所想要或追求的环境,我都能够很快适应,调整自己的心态,重新开始新的奋斗和追求。我很庆幸自己能够这样一直坚持下来,因为回想自己所经历的每一次挫折,我若稍有放弃的念头,我想现在自己的处境肯定是完全不同了,而那绝不会是我所希望的。这可能是因为那时的学习和生活有着明确的目标,高中时的目标是考清华大学,大学时的目标是考清华大学的研究生,可惜现在好像一时还没有找到自己的目标,我自己也觉得十分困惑和迷茫。

上星期我在学校主页上的北森职业测评网站上通过答题进行了一些测试,得出我的性格属于 ESTP(外向、感觉、思考、知觉)型,报告得出的结论是:我是一个敏锐的发现者,善于看出眼前的需要,并迅速做出反应来满足这种需要,天生爱揽事并寻求满意的解决办法,精力充沛,积极解决问题,天生的乐天派、积极活跃、随遇而安,乐于享受今天,能够想出容易的办法来解决难办的问题,以使自己的人生变得愉快。好奇心强,思路开阔,容易接受新事物,倾向于通过逻辑分析和推理做出决定而不会感情用事,如果形势需要,会表现坚韧的意志力。偏爱灵活地处理实际情况,而不是按照计划办事。性格外向,友好而迷人,很受欢迎,并且能够在大多数的社会环境中很放松自如。我觉得这份报告所得出的结论跟我的实际情况几乎完全吻合。因此我觉得自己的性格适合跟具体的人和事物打交道,而不是跟机器、理论打交道,我希望与人相处,也很害怕孤独。我希望毕业以后的工作环境是一个充满活力、没有太多规则的约束条件、有一定挑战性、能让我接触认识不同的人而且有着讲究实际同样充满活力的同事的地方。我现在所学的专业是通信,因此以后出去很可能就要从事研发性质的工作。而我对搞研究、做技术编程没有好感和兴趣,而且我觉得自己在编程和动手能力方面没有优势,而且我是个女生,做技术难度更大。更重要的是我从心里对这种工作比较抵制,我觉得这对我的性格来说是一种压抑,我喜欢与人相处,解决具体的事物,而不希望对着计算机屏幕或者电路板思考一些很枯燥的算法和程序。所以我现在有点感到悲观,不知道该怎么办,好像自己无法改变什么。我觉得自己以后做市场、销售或管理又比不上人家受过专业训练的人,做自己的专业搞技术吧自己又没有什么兴趣,想到以后很可能要从事自己所不喜欢的工作我就觉得很难过。此外,因为在深圳这边人很少,信息很闭塞,我无法跟自己的师兄、师姐、同学在这方面多进行交流,问问他们对择业的看法和经验,这让我更加觉得比较苦闷。

如果按照我的兴趣和性格发展,我对自己的职业生涯是这样规划的:我打算毕业以后首先去大型外企(如 IBM 等)或知名的国有企业(如中国电信、中国移动、华为、腾讯等)应聘一个偏技术性质的工作,比如维护之类的,我不打算从事技术性太强(比如说研发之类)的工作。我的目标是向管理层发展,工作几年以后,大概30 岁,成为企业的一个中层管理者。我认为如果一个人对技术能够有着比较深刻的理解和比较全面的了解,并且在管理方面也颇具才能的话,那么他在当管理者尤其是技术型人才的管理者时有着很明显的优势。我的目标是在 35 岁左右能够跻身于企业的高层管理者之列,能够对公司某一个发展领域的发展计划和决策产生自己的影响,并让自己的看法能够受到一定程度的重视。在 40 岁左右能够与朋友共同经营一家公司,或者拥有相当数量的股份成为董事会的成员也可,公司的性质还无法确定,需要到时候看经济形势的发展情况。总之我的目标是为祖国健康工作 50 年的同时也为自己的人生变得有充实、有意义、精彩而奋斗 50 年。我梦想着在我 75 岁的时候,能够坐在云南丽江或一个宁静美丽的古镇的乡间别墅中,边欣赏如画绚烂的夕阳边回忆自己波澜壮阔的人生。

请王老师百忙之中对我的规划予以指点! 不胜感激!

[王老师点评]

相比你的经历曲折,我的才叫曲折:小学一年级读了 3 年;大学读了 5 年;博士读了 4 年(硕士没有省的情况下)。白白比别人损失了 4 年时间!

最要命的是,博士毕业后改了行,大学、硕士、博士学的 11 年又白学了!

和我一比,你应觉得自己很幸运才对啊!

再说,你现在学工科不等于以后就干这个,大部分学工科的都改行了呢。这都要怪我国大学的专业设置太不合理,工科专业设置太多,社会不需要这样多的工科学生,大家只好改行。

不过你总比我好,学完硕士就可以改行,起码少浪费 4 年读博士的时间。

你把工学硕士都读下来,管理那些靠自学也可以搞明白。

第 28 章

到高校做一位义工教员

林　柯

28.1　家庭背景

　　我的父母都是农民,文盲。另外有 3 个姐姐,在别人的眼中可能觉得我从小就是被溺爱的对象,但我从小就被妈妈当成最严厉的教育对象。尽管我的出生是封建思想作祟的结果,但父母对我们姐弟 4 个的成长给予了同样的关注。3 个姐姐都高中毕业,其实当时村里和我姐一般大的女孩子几乎都没有读中学的机会。3 个姐姐毕业后外出打工,于 1990 年分别创业成功。父母也是在改革的春风下离开乡村进城谋生。现在全家都定居于上海市嘉定区。可以说,家里除了我之外都是商人。我的家人是我成长过程中最好的榜样。他们身上体现了农民的朴实与吃苦耐劳,商人的精明与能干。

28.2　个人情况

　　我于 1982 年出生于安徽省含山县的一个偏僻山村,艰苦的成长环境造就了我吃苦耐劳、坚毅的品格。为了 4 个子女的前途,父母背着沉重的经济负担让 4 个子女都上学,在我们姐弟 4 个上小学的时候经常家里都会出现揭不开锅的时候。3 位姐姐在读完中学后就陆续离家去北京打工,而我则在姐姐的资助下顺利地继续着学业。从七岁开始读一年级,因为当时在我们那么落后的山沟是没有幼儿园的。

　　确实已经记不起有多少次由于看书而将牛放丢的情形了!更记不清有多少次每逢姐姐出门打工时的泪水与春节回家的欢笑了!只记得自己在煤油灯下的日日夜夜。因为地处偏远,在我读小学和初中时全村整月整月地停电是最正常不过的事了。记得初一那年(我 12 岁),爸妈就丢下我进城做小生意去了,由于奶奶的狠心我只能一人独住家中,让我一生都难忘的是在 1995 年的冬天,一个夜里,可能是由于起得太急,于是在方便完之后昏倒在尿桶旁好几分钟自己才苏醒过来。爬起来后的第一件事就是坐在床上看着冷冷的四壁想着妈妈流眼泪。由于当时电话没有现在这么普及,所以直到一个月后才将事情告诉了妈妈。这样的状态持续到我初中毕业。经过艰苦的努力,1997 年我以全校最高分进入了安徽省含山中学,我也是当年唯一进入这所省级重点中学的学生。这样,高中三年便和父母生活在一起。此时 3 位姐姐也已经在上海经营自己的生意。可以说自己的每一点成功都会为全家带来快乐与喜悦,所以我会在人生的每个阶段都严格要求自己不断进步。因为我的背后有父母和 3 位姐姐的期望与寄托!

28.3　学习经历

由于整个高中之前的教育都是在乡村完成的。所以在进入高中后就觉得学习蛮吃力的。特别是理科科目,于是自己儿时当医生的梦想也就被击碎了。也可以说像鲁迅先生说的"弃医从文"吧。高二便开始专学文科。经过两年的紧张备考,于 2000 年进入北京石油化工大学经济管理学院攻读国际经济与贸易专业。尽管没有机会进入名牌大学生深造,但我觉得自己并不失望,因为与很多没有机会进入北京上大学的同龄人来说已经算幸运了! 于是在大学 4 年中,我充分利用了北京各方面好的资源,可以说,在这个阶段我完成了自己在世界观、价值观以及知识结构方面的塑形。大学期间,我以优异的专业成绩顺利完成学业并获得经济学学士学位。外语方面,我更是从严要求自己,大一期间便顺利通过国家大学英语水平考试的四级和六级,并且在六级口语考试中获得 B 级,大二期间取得托福 640 分。同时,我也自认为是一个思维特别跳跃的人,喜欢将自己的灵感和奇思妙想付诸实践,记得大学二年级时在学校组织的创新大赛上我以一台豆制品加工机器获得冠军,并于次年获得国家实用新型专利证书。该专利同时获得香港首届国际科技成果与优秀新发明网博会的"新科技发明奖"。在学生工作方面,做过半年的学生会外联工作,此期间与同学合作为学院第三届"青春风采"演讲大赛争取到了中石化的资金支持,并率领国际贸易专业辩论队获得学校第五届辩论赛季军。大三上学期,虽然面临考研复习和专业课的学习压力,但我还是为学生党支部服务了一个学期。兼职经历主要是在新东方学校做了两个月的兼职,大四下学期在北京远培培训学校做了 4 个月的英语教员。现在,我正就读于北京大学法学院法律硕士专业(国际商法方向)。同时已经加入到北京大学法律援助中心,作为一名党员,我有责任并乐意做这份公益性工作。

28.4 职业构想

说实话,感觉自己不是那种被所谓专业的条条框框限制太死的人,而且我的成长经历也让我敢于面对任何挑战。所以,作为一个适应性很强的男生,我愿意以任何行业来开启我的职业道路。不过,现实就是现实,面对竞争如此激烈的职场,我将自己的未来职业做如下规划。

1. 第一阶段(17~24 岁)

此阶段(本科学习+研究生学习阶段)的重点是学习,为将来的各项工作做好知识储备,形成自己的知识结构与专业特长。充分利用自己的专业优势将自己塑造成一位经济和法律知识的复合型人才。同时我认为最重要的是做好从学生到职业人的过渡准备。当然就业前的求职准备也至关重要的。这个阶段,我会在学好专业知识的同时也会学习其他专业领域的知识,比如说社会学、传媒、贸易、金融。此阶段,兼职机会也是我所珍惜的!

2. 第二阶段(24~30 岁)

该阶段(职业起步阶段)我还是要分成两个主要方向。

(1)进国家部委当公务员(商务部、工商总局、海关总署会是我努力的对象)。以公务员作为我的一个方向,原因很简单,毕竟公务员是许多学法律出身的学生一个重要的毕业去向。当然,很诚恳地说,公务员不是我理想的职业。我会利用好公务员职业,进一步锻造和打磨自己。如果这条路走得比较顺利的话也不排除一辈子做人民公仆。万一觉得不适合,我会在 30 岁果断离开去中欧国际商学院读MBA 并转入商界打拼。

(2)进入一家可以充分施展自己才华的企业或公司,这也是自己的理想职业方向。我的潜意识告诉我:企业或公司的工作压力虽然很大但是充满挑战,因为不喜欢循规蹈矩是我的个性,所以这样的工作环境会比较符合我的追求。我将不会限定自己在某一行业,因为我觉得自己的知识结构可以在很多行业打拼。至于企业的规模也不是最重要的。我唯一要求的条件就是我确实适合那个企业或公司。否则,在没有激情和兴趣的情况下工作是不可想象的。我给我自己也划了一个"坎",27 岁不能成为自己所在部门的负责人的话就应该跳槽(前提是自己投入100%的努力)。如果可跨越这个"坎",我会一直在这家企业或公司奋斗下去。同时会在 30 岁左右进入中欧国际商学院就读 MBA,为日后的发展奠定坚实的基础(包括管理知识和人脉资源)。

(3) 自己创业,尽管从目前看来不是特别实际,因为还没有发现非常有把握的创业领域。但是也不排除这种可能性,所以还是将它作为我职业规划的一方面,毕竟家族的经商背景还是已经深深影响了我。

3.　第三阶段(30~60 岁)

由于在第二阶段已经将两个方向作为自己的职业发展的主要方向。那么在第三阶段(全面进入职业的高峰期)也是围绕公务员和商界两个方面进行规划。

(1) 如果在人民公仆的队伍中可以有自己的位置并且得到被服务对象的认可(广大老百姓)的话,不妨向更高的层次迈进,从而可以更大范围为百姓服务。如果转行的话,这个阶段的规划就不存在了。

(2) 在商界打拼的话,这个阶段应该是确立自己在管理层稳固的地位并形成个性的管理理念的时期,同时应该在业内有一定影响。在 45 左右,我会在职进行 EMBA 学习,通过与同行的交流进一步扩展自己的思路。从而可以应付管理过程中出现的复杂情况。

(3) 此阶段,一旦出现机会,也不排除自己创业的可能。毕竟自己当自己的老板是最合适不过的了。

4.　第四阶段(60 岁以后)

这个阶段属于自由发挥阶段,精力许可,希望去读一个管理学博士学位。同时希望凭借自己多年的经商和管理经验回到高校做一位义工教员,将知识和经验拿出来与未来的领导者分享。因为,人生对我来说没有"退休"这两个字。

28.5　对未来工作条件等方面的期待

我对地域没有严重的偏好,因为出生于安徽,现居于上海嘉定区,同时即将在北京完成自己的学业,所以总的来说应该还是华东地区和北京市较适合我。而且最重要的是这些地方集中着我所有的人脉资源,这对于我日后工作的开展至关重要。我也从不量化对薪水的期望,还是结合地域及工作要求而定吧。总之在机会与金钱两者之间,我会毫不犹豫地选择机会。

28.6　结束语

　　作为农民的儿子,我有务实的态度;经历过苦难的打磨,我懂得珍惜机会;漫长的求学经历,让我明白应该每一步都应该走得踏实。现在我是一名北大研究生,未来我会是一名出色的职业人。最后奉上我的座右铭:我不是最聪明的,但我要成为最勤奋的。

第 29 章

王勇未来 10 年的规划

王 勇

作为工学硕士的我,虽然还没有脱离过校园环境,也没有什么实际的工作经验,但我却在 2002 年,也就是大三下学期开始找工作的时候曾经签过一次就业协议,选择的单位是一所西安航天研究所。

在当时看来也是一份非常不错的工作,毕竟自己只有本科学历,正值神舟五号即将升天之日,国家对航天的重视可想而知,当时很多同学也都纷纷签署了志愿去研究所工作的就业协议,我因考取了硕士研究生从而只好放弃就业,直到现在我仍旧处于迷茫之中,不知道自己现在的选择是否正确。

可能在研究所工作两年会如日中天,毕竟西部大开发的大环境下还是很重视满腔热血的刚刚毕业的学生的,况且志愿去开发西部的在当时看来毕竟是少数。

时过境迁,一年很快就过去了,现在的我已经来到了深圳这个高速发展的新兴城市,环境变了思想也随之变化,来深圳将近半年的时间里,几乎每个晚上我都在思考:"明天的早餐到底在哪里"这个问题。

面对身边频频传来年薪百万的活生生的例子,自己又该做些什么呢?

目前我正在艾默生网络能源公司做 UPS 产品开发以及设计工作,每天面对的就是实验室的单板和轰轰作响的机器,偶尔来几个人也是工作方面的交流,难道我就一直这样做下去?

拿 32 岁的人做一个对比就会发现,同样是 32 岁,有的身价百万,有的可能还在务农,为什么会有这么大的差别? 身价百万的学历一定比务农的高吗? 不见得! 身价百万的一定比务农的聪明吗? 更不见得! 但有一点是肯定的,身价百万的一定是愿意冒险的! 愿意接受新生事物的挑战,农民企业家创业获得成功的我想不用举例大家心里也都非常清楚! 那么,创造机遇,抓住机遇,在不断学习中捕捉每一个可能通向成功的机会便是至关重要的!

鉴于此时此刻我的处境,我给自己拟定个人 10 年职业发展趋向的规划。

1~2年内，努力完成企业的每一个项目，从中吸取大量的研发经验以及对市场走向的观察，对于企业生产流程以及管理模式的耳濡目染有所总结，争取做一个综合素质全面发展的高素质多向型人才。以自己最大的努力争取留在公司，毕竟做人不可虎头蛇尾，既来之，则安之。能够得到公司领导以及员工的认同于人于己都是一件好事。

2~4年内，不管是否留在公司，继续搞研发是至关重要的，实习毕竟是实习，自己起到的只是附属作用，真刀真枪地搞设计，给自己压力才能挖掘自己最大的潜能，只是跟从别人，绝不是一个很好提高自己实际经验的好办法。在这期间，争取拓展自己的关系网，尤其在同一个领域的关系网。要说在学校主要搞学习，那么工作中人际关系便是重中之重。但凡商战成功的人无不有一个共同的特点：自信、果断、敢于冒险，最重要的一点肯定是善于与人沟通，有很好的亲和能力，要不硕大个公司怎么可能认同一个人见人恨的人坐头把交椅。说到这里，我觉得我们学习工科的人可能最缺乏的就是沟通外界社会的能力，以前的"学好数理化，走遍全天下"的观念需要改变一下了，当今，即使你理工科技术水平再高，与人交往不好同样不可能立足于商战之中，即使可以存在一段时间，也绝非长远之计！所以说，在我的这个阶段一定要解决且必须解决的问题就是把学生气全权放下，明白这个世界的弱肉强食性，自然选择，优胜劣汰。在研发中捕捉外界信息，把自己由一个学生完完全全转化成一个参与社会竞争、深刻体会人间冷暖的创业者。这段时间是最重要的时间段，也是自己以后可否成功的关键时期，头三脚踢得好，而立过后一切都会变得很顺，所以这个阶段是最具有挑战性和可以激发自己斗志的黄金阶段！

4~8年内，这时已是而立之年，有些人说而立之年可以大展雄风，对于这句话我不敢苟同，我觉得而立之年已经步入平稳过渡期，即使有人觉得自己还没有定型，其实在人生的30年里，所有失去的和得到的加起来，世界观已经形成了。在这个阶段对于我自己的心态应该是相当平稳，黄金阶段的打造自己的时候已经结束，剩下的应该是坐享其成的时候了，所以我并不认为而立之年是男人的黄金季节，而却变成了淘金时代，怎样可以淘得更多的金子就是在这个阶段。有了大约4年的研发经验，饱尝人间冷暖的我到那时早已不坐在实验室里当一个机器看守者，因为我的理想并不在那里！面向市场可能是在这4年中的前两年我会去尝试的，因为有了技术经验，再加上自己曾经是最佳辩手的口语优势，拓展市场才能，尝试与更多的人做业务上面的往来，深入各个公司内部，了解熟悉其产品是今后进阶的最主要因数。要说变化，我想此时的我已经走过了学生—创业者—商人的整个过程；而立之后10年中最后的两年里，选择也是多种多样的，由于了解了整个行业内部的全部信息，不管任何方面我想自己都已不是 10 年前的自己了。

　　年少时，我曾经梦想自己做一个科学家，可能每一个人都会有这个梦想，虽然那时还不知道科学家是什么。如今的我，年近 25 岁，未来的路还要自己走，即使布满荆棘，布满坎坷，也可能根本没有想象的那么顺利，但不管怎样？成功与失败，对我来说都不重要，我只是想证明自己做的是正确的，人生有意义，不妄活一世也便可以安心了。